1   Entwicklung und Wachstum

2   Kranium

3   Kopf- und Halsmuskeln, Faszien

4   Kopf- und Halseingeweide

5   Hirn- und Halsnerven

6   Vegetative Innervation von Kopf & Hals

7   Blut- und Lymphgefäße

    Anhang

    Index

Dr. Kristin Szalay

# Anatomie Band 4

**MEDI-LEARN Skriptenreihe**

6., komplett überarbeitete Auflage

MEDI-LEARN Verlag GbR

**Autorin:** Dr. Kristin Szalay
**Fachlicher Beirat:** PD Dr. Rainer Viktor Haberberger

Teil 4 des Anatomiepaketes, nur im Paket erhältlich
ISBN-13: 978-3-95658-000-0

**Herausgeber:**
MEDI-LEARN Verlag GbR
Dorfstraße 57, 24107 Ottendorf
Tel. 0431 78025-0, Fax 0431 78025-262
E-Mail redaktion@medi-learn.de
www.medi-learn.de

**Verlagsredaktion:**
Dr. Marlies Weier, Dipl.-Oek./Medizin (FH) Désirée Weber, Denise Drdacky, Jens Plasger, Sabine Behnsch, Philipp Dahm, Christine Marx, Florian Pyschny, Christian Weier

**Layout und Satz:**
Fritz Ramcke, Kristina Junghans, Christian Gottschalk

**Grafiken:**
Dr. Günter Körtner, Irina Kart, Alexander Dospil, Christine Marx

**Illustration:**
Daniel Lüdeling

**Druck:**
A.C. Ehlers Medienproduktion GmbH

6. Auflage 2014
© 2014 MEDI-LEARN Verlag GbR, Marburg

Das vorliegende Werk ist in all seinen Teilen urheberrechtlich geschützt. Alle Rechte sind vorbehalten, insbesondere das Recht der Übersetzung, des Vortrags, der Reproduktion, der Vervielfältigung auf fotomechanischen oder anderen Wegen und Speicherung in elektronischen Medien.
Ungeachtet der Sorgfalt, die auf die Erstellung von Texten und Abbildungen verwendet wurde, können weder Verlag noch Autor oder Herausgeber für mögliche Fehler und deren Folgen eine juristische Verantwortung oder irgendeine Haftung übernehmen.

**Wichtiger Hinweis für alle Leser**
Die Medizin ist als Naturwissenschaft ständigen Veränderungen und Neuerungen unterworfen. Sowohl die Forschung als auch klinische Erfahrungen führen dazu, dass der Wissensstand ständig erweitert wird. Dies gilt insbesondere für medikamentöse Therapie und andere Behandlungen. Alle Dosierungen oder Applikationen in diesem Buch unterliegen diesen Veränderungen.
Obwohl das MEDI-LEARN Team größte Sorgfalt in Bezug auf die Angabe von Dosierungen oder Applikationen hat walten lassen, kann es hierfür keine Gewähr übernehmen. Jeder Leser ist angehalten, durch genaue Lektüre der Beipackzettel oder Rücksprache mit einem Spezialisten zu überprüfen, ob die Dosierung oder die Applikationsdauer oder -menge zutrifft. Jede Dosierung oder Applikation erfolgt auf eigene Gefahr des Benutzers. Sollten Fehler auffallen, bitten wir dringend darum, uns darüber in Kenntnis zu setzen.

# Inhalt

| | | | | | |
|---|---|---|---|---|---|
| 1 | Entwicklung und Wachstum | 1 | 4.4 | Zungenpapillen | 23 |
| | | | 4.4.1 | Innervation der Zunge | 25 |
| 1.1 | Knochen des Schädels | 1 | 4.5 | Speichel- und Tränendrüsen | 26 |
| 1.1.1 | Suturen und Fontanellen | 1 | 4.6 | Pharynx | 28 |
| | | | 4.7 | Larynx | 31 |
| | | | 4.7.1 | Larynxmuskeln | 31 |
| 2 | Kranium | 3 | 4.7.2 | Innervation und Blutversorgung des Larynx | 33 |
| 2.1 | Aufbau der Schädelbasis | 3 | | | |
| 2.2 | Schädelbasis mit Durchtrittstellen | 3 | 5 | Hirn- und Halsnerven | 37 |

## 1 Entwicklung und Wachstum — 1
- 1.1 Knochen des Schädels — 1
- 1.1.1 Suturen und Fontanellen — 1

## 2 Kranium — 3
- 2.1 Aufbau der Schädelbasis — 3
- 2.2 Schädelbasis mit Durchtrittstellen — 3

## 3 Kopf- und Halsmuskeln, Faszien — 10
- 3.1 Mimische Muskeln — 10
- 3.2 Kaumuskeln — 11
- 3.3 Zungen- und Zungenbeinmuskeln — 12
- 3.4 Mm. scaleni — 13
- 3.5 Halsfaszie — 14
- 3.5.1 Lamina superficialis fasciae cervicalis — 14
- 3.5.2 Lamina praetrachealis fasciae cervicalis — 14
- 3.5.3 Lamina praevertebralis fasciae cervicalis — 15
- 3.6 Spatium para- bzw. lateropharyngeum — 15

## 4 Kopf- und Halseingeweide — 19
- 4.1 Nase — 19
- 4.1.1 Innervation und Blutversorgung der Nase — 20
- 4.2 Nasennebenhöhlen — 21
- 4.3 Zähne — 22
- 4.4 Zungenpapillen — 23
- 4.4.1 Innervation der Zunge — 25
- 4.5 Speichel- und Tränendrüsen — 26
- 4.6 Pharynx — 28
- 4.7 Larynx — 31
- 4.7.1 Larynxmuskeln — 31
- 4.7.2 Innervation und Blutversorgung des Larynx — 33

## 5 Hirn- und Halsnerven — 37
- 5.1 Hirnnerven — 37
- 5.1.1 Nervus olfactorius (I. Hirnnerv) — 37
- 5.1.2 Nervus opticus (II. Hirnnerv) — 37
- 5.1.3 Nervus oculomotorius (III. Hirnnerv) — 39
- 5.1.4 Nervus trochlearis (IV. Hirnnerv) — 40
- 5.1.5 Nervus trigeminus (V. Hirnnerv) — 41
- 5.1.6 Nervus abducens (VI. Hirnnerv) — 43
- 5.1.7 Nervus (intermedio) facialis (VII. Hirnnerv) — 43
- 5.1.8 Nervus vestibulocochlearis (VIII. Hirnnerv) — 46
- 5.1.9 Nervus glossopharyngeus (IX. Hirnnerv) — 46
- 5.1.10 Nervus vagus (X. Hirnnerv) — 46
- 5.1.11 Nervus accessorius (XI. Hirnnerv) — 48
- 5.1.12 Nervus hypoglossus (XII. Hirnnerv) — 49
- 5.2 Halsnerven — 49
- 5.2.1 Rami ventrales der zervikalen Spinalnerven — 49
- 5.2.2 Rami dorsales der zervikalen Spinalnerven — 50

| 6 | Vegetative Innervation von Kopf und Hals | **55** |
|---|---|---|
| 6.1 | Allgemeines zu den Ganglien | 55 |
| 6.1.1 | Ganglion ciliare | 55 |
| 6.1.2 | Ganglion pterygopalatinum | 56 |
| 6.1.3 | Ganglion submandibulare | 57 |
| 6.1.4 | Ganglion oticum | 57 |

| 7 | Blut- und Lymphgefäße | **60** |
|---|---|---|
| 7.1 | Arterielle Versorgung im Kopf- und Halsbereich | 60 |
| 7.1.1 | A. subclavia | 60 |
| 7.1.2 | A. carotis communis | 61 |
| 7.2 | Venen/Sinus | 62 |
| 7.3 | Lymphknoten und Lymphgefäße | 63 |

| Anhang | **65** |
|---|---|
| IMPP-Bilder | 65 |

# DEINE FRAGE VIELE ANTWORTEN

WWW.MEDI-LEARN.DE/SKR-FOREN

**DIE FOREN FÜR JUNGE MEDIZINER**

# MEDI-LEARN FOREN

## 1.1 Knochen des Schädels

# 1 Entwicklung und Wachstum

Fragen in den letzten 10 Examen: 5

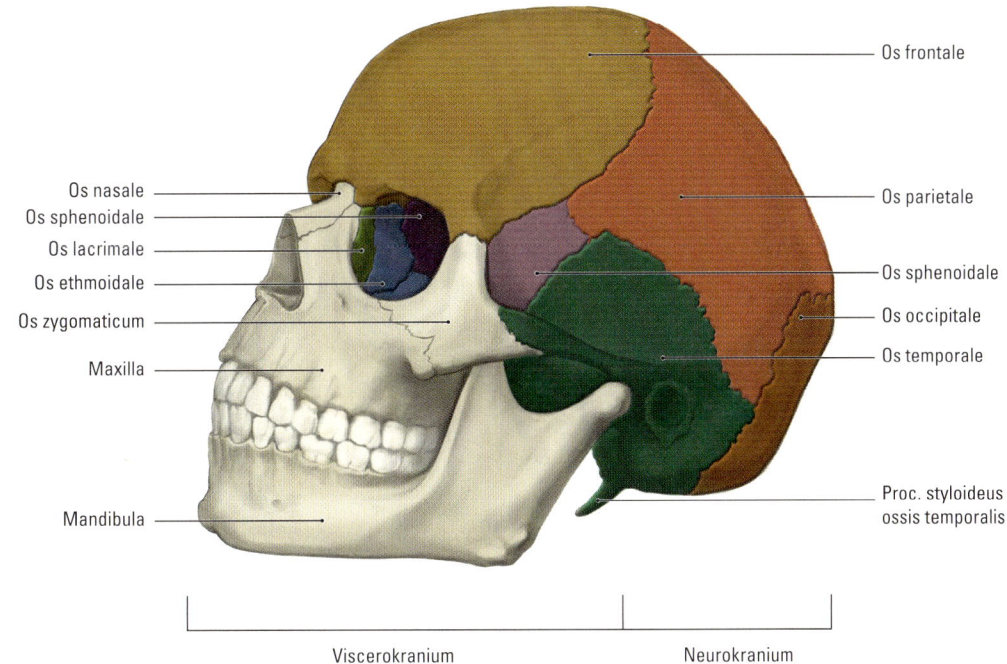

Abb. 1: Schädel (Cranium) von lateral

*medi-learn.de/6-ana4-1*

In diesem Kapitel stellen wir dir zunächst den Aufbau des Kraniums vor, um die wichtigsten, gerne gefragten Strukturen kennen zu lernen bzw. in Erinnerung zu rufen.

## 1.1 Knochen des Schädels

Betrachtet man den Schädel von lateral, so können die Knochen zwei Anteilen des Schädels zugeordnet werden: dem Viscero- (Gesichts-) und dem Neuro- (Hirn-) kranium. Das Viscerokranium bildet die knöcherne Grundlage des Gesichts; hier liegen auch die Eingänge zu den Verdauungs- und Luftwegen.
Die knöchernen Anteile des Viscerokraniums sind das Os ethmoidale, Os lacrimale, Os nasale, die Maxilla, das Os zygomaticum, die Mandibula und der Processus styloideus des Os temporale. Das Neurokranium umgibt das Gehirn und umfasst als knöcherne Grundlage das Os frontale, sphenoidale, temporale (mit pneumatisierten mit Schleimhaut ausgekleideten Räumen), parietale und occipitale. Bitte beachte unbedingt, dass nur der Processus styloideus des Os temporale zum Viscerokranium gezählt wird. Das restliche Os temporale gehört zum Neurokranium. Die Cellulae mastoideae (als Anteil des Os temporale) haben topografische Beziehung zum Sinus sigmoideus. Die knöcherne Grundlage der Orbita sind das Os zygomaticum, die Maxilla, das Os ethmoidale, das Os palatinum, das Os sphenoidale, das Os lacrimale und das Os frontale.

### 1.1.1 Suturen und Fontanellen

Kinder haben zusätzlich zu den knöchernen auch bindegewebige Strukturen am Schädel,

# 1 Entwicklung und Wachstum

die z. B. der Anpassung des kindlichen Schädels an den Geburtskanal dienen. Zudem kann eine Vorwölbung der Fontanellen z. B. auf einen Makro- oder Hydrocephalus hindeuten. Suturen sind beim Kind noch reines kollagenes Bindegewebe. Man unterscheidet:
- die Sutura frontalis,
- die Sutura coronalis,
- die Sutura sagittalis und
- die Sutura lambdoidea

Im Laufe der Entwicklung bilden sie sich zu Syndesmosen aus.

> **Merke!**
>
> Bei Suturen treffen zwei Schädelknochen aufeinander. Das **S** hat **zwei** Biegungen → hier treffen **zwei** Knochen aufeinander.

Neben den Suturen finden sich noch vier Fontanellen (Fonticuli). Zwei davon befinden sich lateral am Schädel:
- die Fontanella mastoidea und
- die Fontanella sphenoidalis,

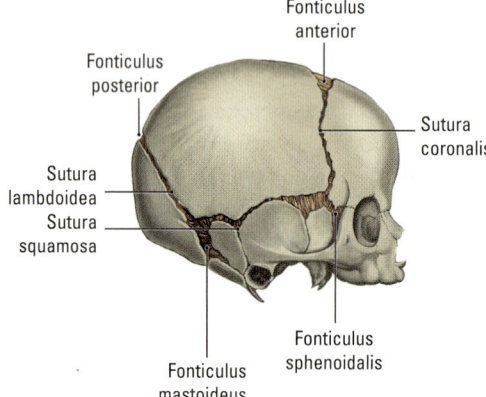

Abb. 2: Schädel des Neugeborenen, Ansicht von lateral

*medi-learn.de/6-ana4-2*

die anderen beiden imponieren vor allem bei Aufsicht auf den Schädel:
- der Fonticulus anterior und
- der Fonticulus posterior.

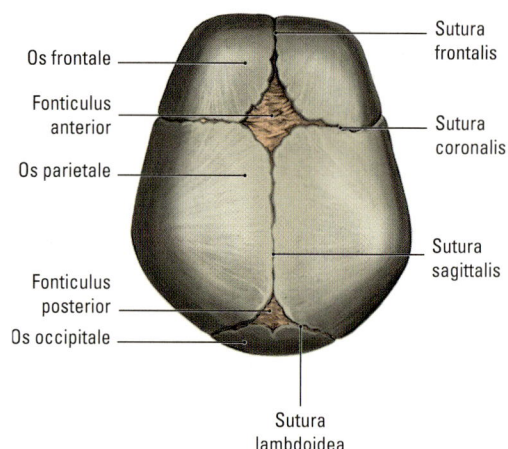

Abb. 3: Schädel des Neugeborenen, Ansicht von oben

*medi-learn.de/6-ana4-3*

An den Fontanellen treffen mindestens drei Knochen aufeinander. Insbesondere der Fonticulus anterior und der Fonticulus posterior sind in der Geburtshilfe bedeutsam und werden gerne verglichen:
- Die vordere Fontanelle (Fonticulus anterior) ist viereckig, größer als die hintere und verknöchert erst nach ca. 36 Monaten (**3. Lebensjahr**).
- Die Hinterhauptsfontanelle (Fonticulus posterior) hat eine dreieckige Kontur, ist kleiner als die vordere Fontanelle und verschließt sich bereits im **3. Lebensmonat**. Sie dient als Ausgangspunkt für die Palpation der Sagittal- und Lambdanaht.

Beim Schädel des Neugeborenen ist bei Schädellage unter der Geburt die Richtung der Sagittalnaht (Sutura sagittalis) an der Lage der großen und kleinen Fontanelle bestimmbar und damit die Lage des kindlichen Kopfes im mütterlichen Becken. Diese Sagittalnaht (zwischen den beiden Ossa parietalia gelegen) verschließt sich erst mit dem 30. Lebensjahr.

Das Os frontale hat zunächst ebenfalls eine Sagittalnaht (Sutura frontalis). Von deren Nahträndern aus erfolgt das appositionelle Wachstum der Knochen des Schädeldaches.

# 2 Kranium

Fragen in den letzten 10 Examen: 6

Der Aufbau der Schädelbasis inkl. der Durchtrittstellen für zahlreiche Arterien, Venen und Nerven war bislang sowohl im Mündlichen als auch im Schriftlichen – vor allem in den letzten Examina – ein **sehr beliebtes Thema**. Um also im Physikum gut punkten zu können, solltest du unbedingt versuchen, dir anhand einiger Merkhilfen die wichtigsten Strukturen der Schädelbasis einzuprägen. Auch wenn du dich um das Erlernen der Durchtrittstellen gerne drücken würdest …

## 2.1 Aufbau der Schädelbasis

Zum Aufbau der Schädelbasis wurden in den letzten Examina zwar keine Fragen gestellt, jedoch ist es als Grundwissen und für eine strukturierte Antwort im Mündlichen wertvoll. An der Schädelbasis unterscheidet man drei Schädelgruben, die annähernd treppenstufenartig angeordnet sind (s. Abb. 4 a, S. 4):
- die Fossa cranii anterior,
- die Fossa cranii media und
- die Fossa cranii posterior.

An der knöchernen Grundlage der Schädelbasis finden sich etliche Durchtrittstellen für Nerven und Gefäße.

## 2.2 Schädelbasis mit Durchtrittstellen

In der vorderen Schädelgrube (s. Abb. 4 a, S. 4) findet sich nur **eine** wesentliche Durchtrittstelle an der Schädelbasis, die **Lamina cribrosa** des Os ethmoidale. Hierüber ist die Fossa cranii anterior mit der Nasenhöhle verbunden. Wenn du dir merkst, dass hier die Verbindung zur Nase besteht, kannst du beim Prüfer Eindruck schinden, indem du mit einer durchtretenden Struktur beginnst, die nicht sehr viele Studenten gelernt haben. Sie ist aber durch die Tatsache, dass wir hier die Verbindung zur Nase haben, sehr einfach zu merken. Hierdurch zieht nämlich die A. nasalis anterior. Da die Lamina cribrosa ein Teil des Os ethmoidale ist, leuchtet sicherlich ein, dass sie als Durchtrittstelle für A./V./N. ethmoidalis anterior und posterior in den jeweiligen Foramina ethmoidale anterius und posterius dient. Zu guter Letzt findet man hier auch den ersten Hirnnerven in Form der Filae olfactoriae (s. 5.1, S. 37).

In der **mittleren Schädelgrube** findet man die meisten Durchtrittstellen an der Basis cranii. (Tipp: guter Einleitungssatz!) Zunächst imponiert hier der **Canalis opticus** als Kanal für den Nervus opticus und die A. ophthalmica. Er stellt eine Verbindung der mittleren Schädelgrube zur Orbita dar. Der Canalis opticus liegt in der Ala minor des Os sphenoidale. Lateral hiervon liegt die Fissura **o**rbitalis **sup**erior, durch die neben der V. ophthalmica superior die Hirnnerven **drei, vier, der erste Ast des fünften** und der **sechste** Hirnnerv ziehen. Kurzer Merkspruch hierfür: Oh Super: $3,4,5^1,6$ (N. occulomotorius, N. trochlearis, N. ophtalmicus, V1 des N. trigeminus und N. abducens)! Die Fissura orbitalis superior stellt ebenfalls eine Verbindung zwischen mittlerer Schädelgrube und Orbita dar. Weitere Durchtrittstellen im Bereich der mittleren Schädelgrube sind das **Foramen rotundum** für den N. maxillaris (V2 = „roter Max") und das **Foramen ovale** für den N. mandibularis (V3 = „ovale Mandel"). Die letzten beiden wichtigen Strukturen, die man bei Aufsicht auf die mittlere Schädelgrube erkennt, sind das **Foramen spinosum** für die A. meningea media (häufig gefragt!) und das **Foramen lacerum** (für den N. petrosus major/profundus).

Auf Abb. 4 a, S. 4 nicht zu sehen, jedoch eine Verbindung zwischen Fossa pterygopalatina/infratemporalis und der Orbita ist die **Fissura orbitalis inferior**, durch die die V. ophthalmica

## 2 Kranium

inferior, die A. und V. infraorbitalis, der N. infraorbitalis, der N. zygomaticus und die Rami orbitales ziehen. Zudem existiert die Fissura sphenopetrosa für den N. petrosus minor.

Die A. ophthalmica gibt für die Versorgung der Choroidea des Bulbus oculi die Aa. ciliares posteriores breves ab.

Die **hintere Schädelgrube** besitzt **vier** wichtige Durchtrittstellen an der Schädelbasis: Zunächst fällt bei der Aufsicht das große **Foramen magnum** (s. IMPP-Bild 1, S. 65) auf, durch das neben der Medulla oblongata die A. vertebralis, die A. spinalis, N. cervicalis 1 und die Radix spinalis nervi accessorii hindurchziehen. Lateral des Foramen magnum befindet sich das **Foramen jugulare** für die Hirnnerven IX, X und XI (N. glossopharyngeus, N. vagus und N. accessorius) sowie die V. jugularis interna, während im **Canalis hypoglossi** (hypoglossalis) der gleichnamige Nerv hindurchtritt (dieser liegt am

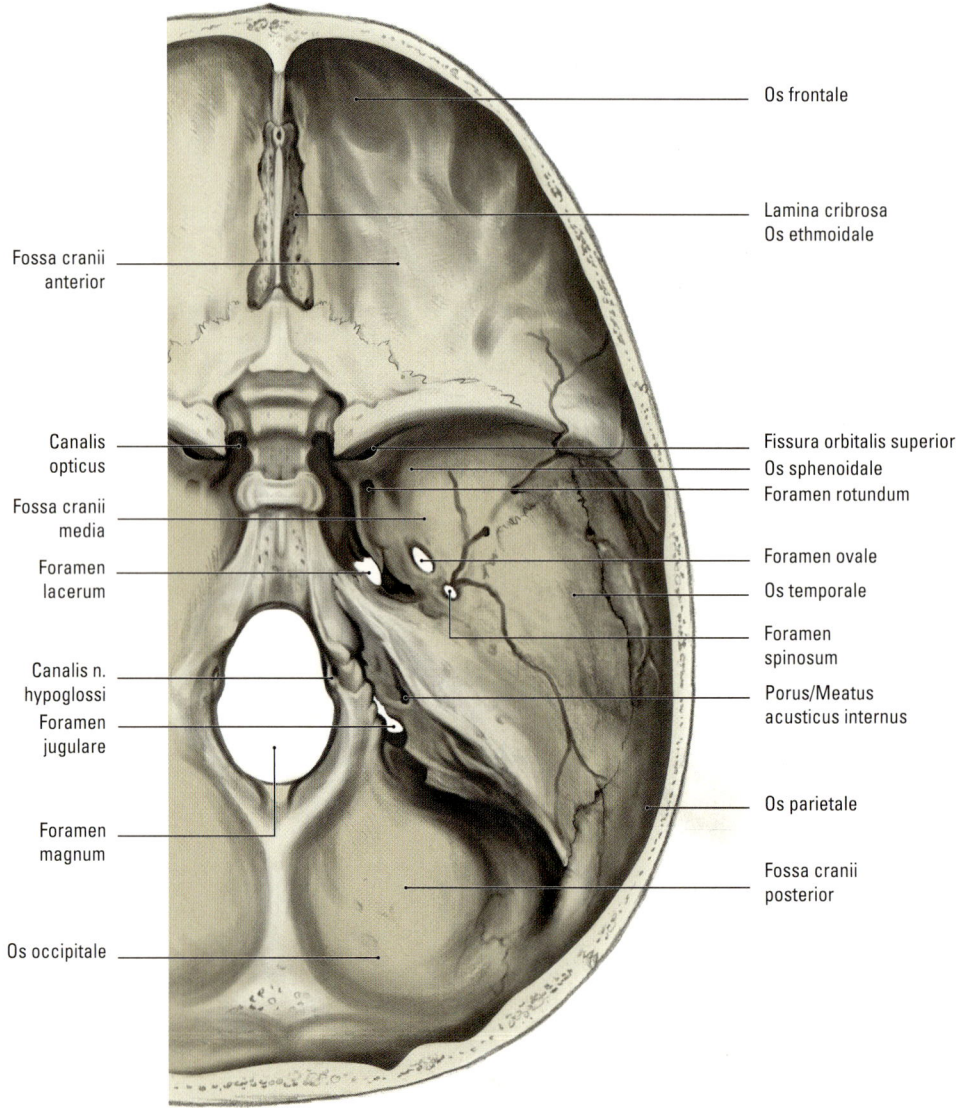

Abb. 4 a: Basis cranii, Ansicht von kranial

medi-learn.de/6-ana4-4a

## 2.2 Schädelbasis mit Durchtrittstellen

weitesten medial in der hinteren Schädelgrube). Zuletzt sei noch der **Porus/Meatus acusticus internus** als Durchtrittstelle für den siebten und achten Hirnnerven (N. facialis und N. vestibulocochlearis) sowie für die A. und V. labyrinthi genannt.

> **Merke!**
>
> Hier ein paar Merkhilfen für die Durchtrittstellen der mittleren Schädelgrube:
>
> - **O**h **super**: **3**, **4**, **5**[1] und **6** (Durch die Fissura **or**bitalis **super**ior ziehen der **3.**, **4.**, **1. Ast des 5.** und **der 6.** Hirnnerv.)
> - **rot**er **Max** (N. **max**illaris durch Foramen **rot**undum)
> - **ovale Mand**el (N. **mand**ibularis durch Foramen **ovale**)
> - Meine **Meningen spin**nen (A. **mening**ea media durch Foramen **spin**osum) (häufig gefragt)
> - **Petr**us kam im **Laker** (N. **petr**osus major durch Foramen **lacer**um)

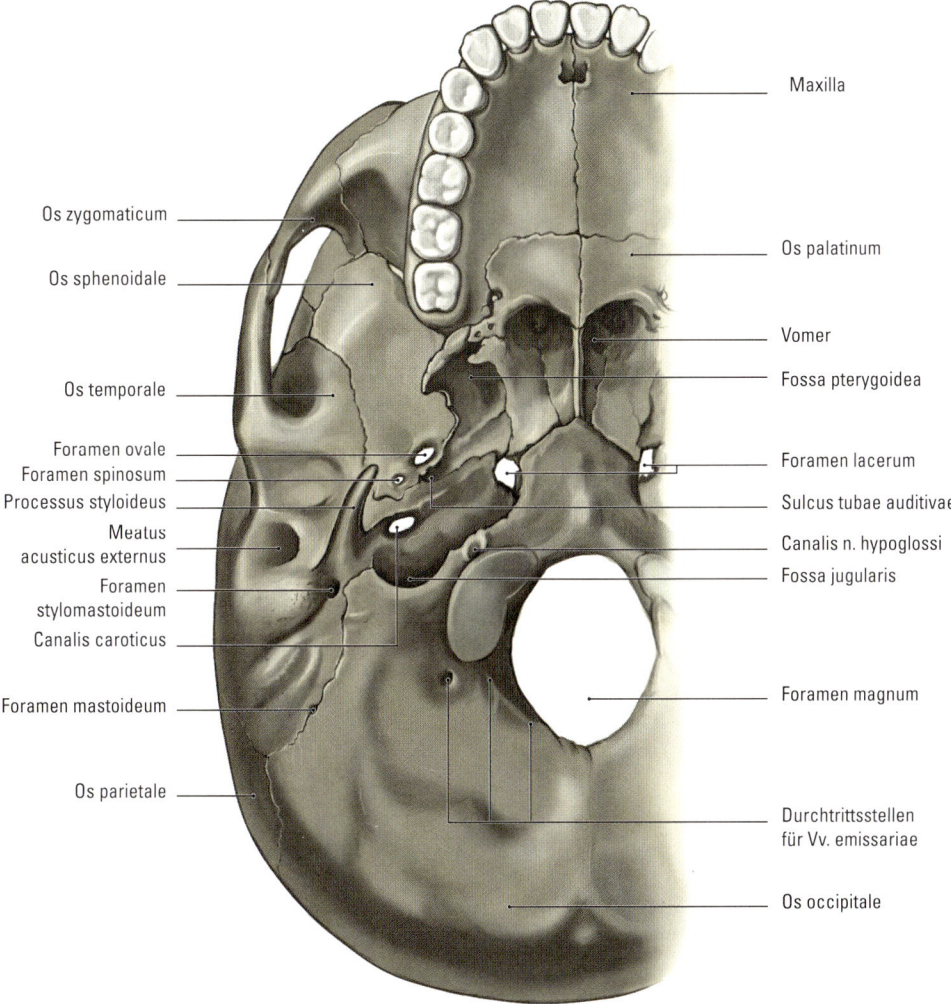

**Abb. 4 b: Basis cranii, Ansicht von kaudal**  *medi-learn.de/6-ana4-4b*

## 2 Kranium

| | Durchtrittstelle: | hindurchziehende Strukturen: |
|---|---|---|
| Vordere Schädelgrube<br>= Fossa cranii anterior | Lamina cribrosa des Os ethmoidale<br>→ Verbindung zur Nasenhöhle | Filae olfactoriae (N. olfactorius, I)<br>A. nasalis anterior<br>A./V./N. ethmoidales ant. |
| Mittlere Schädelgrube<br>= Fossa cranii media | Canalis opticus | N. opticus (II)<br>A. ophthalmica |
| | Fissura orbitalis superior | N. oculomotorius (III)<br>N. trochlearis (IV)<br>N. ophthalmicus (V1)<br>N. abducens (VI)<br>V. ophthalmica sup. |
| | Foramen lacerum | N. petrosus major/profundus |
| | Foramen rotundum | N. maxillaris (V2) |
| | Foramen ovale | N. mandibularis (V3)<br>A. meningea accessoria |
| | Foramen spinosum | R. meningeus n. mandibularis (V3)<br>A./V. meningea media |
| | Fissura sphenopetrosa | N. petrosus minor |
| | Canalis pterygoideus | N. petrosus major/profundus |
| | Canalis caroticus | A. carotis interna |
| Hintere Schädelgrube<br>= Fossa cranii posterior | Foramen jugulare | V. jugularis interna<br>N. glossopharyngeus (IX)<br>N. vagus (X)<br>N. accessorius (XI) |
| | Porus acusticus internus | Nervus facialis (VII)<br>N. vestibulocochlearis (VIII)<br>A./V. labyrinthi |
| | Canalis hypoglossi | N. hypoglossus (XII) |
| | Foramen magnum | Medulla oblongata<br>A. vertebralis<br>A. spinalis<br>N. cervicalis 1<br>Radix spinalis des N. accessorius (XI) |

**Tab. 1: Zusammenfassung der Durchtrittstellen**

*Handschriftliche Notiz:*
Fissura orbitalis inf.
- V. ophtalmica inf.
- N./V. infraorbitalis
- N. zygomaticus
- R. orbitalis

## DAS BRINGT PUNKTE

Aus dem Kapitel „**Entwicklung und Wachstum**" sind Fragen zu den Begriffen **Suturen** und **Fontanellen** schon in manch einem Physikum gefragt worden. Du solltest dir daher unbedingt merken, dass
- Suturen die Stellen am Schädel sind, an denen zwei Knochen aufeinander treffen,
- Fontanellen die Stellen am Schädel sind, an denen mindestens drei Knochen aufeinandertreffen. Hier werden der Fonticulus anterior und posterior gerne vergleichend abgefragt.

Aus dem Kapitel „**Schädelbasis mit Durchtrittsstellen**" sind Fragen in beinahe jedem der letzten Physikums-Prüfungen gestellt worden. Du solltest dir daher unbedingt merken, dass
- die Schädelbasis drei Schädelgruben besitzt, nämlich die Fossa cranii anterior, media und posterior
- welche Durchtrittstellen in welcher Schädelgrube liegen (s. Abb. 4 a, S. 4 und Abb. 4 b, S. 5) und
- was hindurchtritt (s. Tab. 1, S. 6).

Besonders wichtige und häufig gefragte Durchtrittstellen sind: Canalis opticus, Fissura orbitalis superior, Foramen lacerum, Foramen rotundum, Foramen ovale, Foramen spinosum und Porus/Meatus acusticus internus.

## FÜRS MÜNDLICHE

Zu dem Thema „Entwicklung und Wachstum" des Schädels sowie Schädelbasis und Durchtrittsstellen wurden in der Vergangenheit folgende Fragen gestellt:

1. **Welche Schädelknochen kennen Sie?**
2. **Was sind Suturen und was Fontanellen?**
3. **Wann verknöchern die Fontanellen?**
4. **Was wissen Sie zur Schädelbasis?**
5. **Welche Durchtrittstellen kennen Sie?**

---

**1. Welche Schädelknochen kennen Sie?**
Einteilung in Neuro- und Viscerokranium, einzelne Knochen benennen und zeigen können (s. 1.1, S. 1).

**2. Was sind Suturen und was Fontanellen?**
Bei Suturen und Fontanellen handelt es sich um bindegewebige Strukturen, die u. a. der Anpassung an den Geburtskanal dienen; anhand der Suturen kann man die Lage des kindlichen Kopfes im mütterlichen Becken sowie einen Hydro-/Makrocephalus erkennen. Man unterscheidet vier Suturen und vier Fontanellen (s. 1.1.1, S. 1).

**3. Wann verknöchern die Fontanellen?**
Fontanellen sind die Stellen am Schädel, an denen mindestens drei Knochen aufeinander treffen. Man unterscheidet neben den etwas unwichtigeren Fonticulus mastoideus und sphenoidalis die wichtigeren Fonticulus anterior und posterior. Sie verknöchern zu unterschiedlichen Zeitpunkten. Die hintere, dreieckige, kleinere Fontanelle verknöchert in aller Regel schon im 3. Monat post partum, während die vordere, größere, viereckige Fontanelle als letzte Fontanelle nach ca. 36 Monaten (3. Lebensjahr) verknöchert.

## FÜRS MÜNDLICHE

**4. Was wissen Sie zur Schädelbasis?**
Wichtig ist eine strukturierte Antwort, solange einen der Prüfer reden lässt. Daher immer einleitende Sätze überlegen! Also z. B.: Der Schädel setzt sich aus Kalotte und Basis cranii zusammen; man unterteilt an der Schädelbasis drei Schädelgruben: die Fossa cranii anterior, media und posterior, die treppenstufenartig nach hinten abfallend angeordnet sind. In den einzelnen Schädelgruben befinden sich Durchtrittstellen für viele wichtige Nerven, Arterien und Venen (s. Tab. 1, S. 6).

**5. Welche Durchtrittstellen kennen Sie?**
Wichtig bei der Beantwortung dieser Frage ist, dass du systematisch entweder vorne oder hinten anfängst, statt strukturlos auf Löcher zu zeigen, die dir gerade einfallen – also bitte unbedingt vorher üben!

Mehr Cartoons unter www.medi-learn.de/cartoons

# Pause

Und? Fertig erzählt?
Dann darfst du dir jetzt eine Pause gönnen.

# Relax Rente: Die entspannte Art, fürs Alter vorzusorgen.

Von Chancen der Kapitalmärkte profitieren, ohne Risiken einzugehen!

- **Sicherheit**
  „Geld-zurück-Garantie" für die eingezahlten Beiträge zum Ablauftermin

- **Wertzuwachs**
  Ihre Kapitalanlage profitiert Jahr für Jahr von den Erträgen der 50 Top-Unternehmen Europas, nimmt aber eventuelle Verluste nicht mit

- **Zusätzliche Renditechancen**
  Durch ergänzende Investition in renditestarke Fonds

- **Komfort**
  Wir übernehmen das komplette Anlagemanagement für Sie

- **Flexibilität**
  Während der gesamten Laufzeit an veränderte Lebenssituationen anpassbar

### Lassen Sie sich beraten!
Nähere Informationen und unseren Repräsentanten vor Ort finden Sie im Internet unter
www.aerzte-finanz.de

Standesgemäße Finanz- und Wirtschaftsberatung

# 3 Kopf- und Halsmuskeln, Faszien

**Fragen in den letzten 10 Examen: 16**

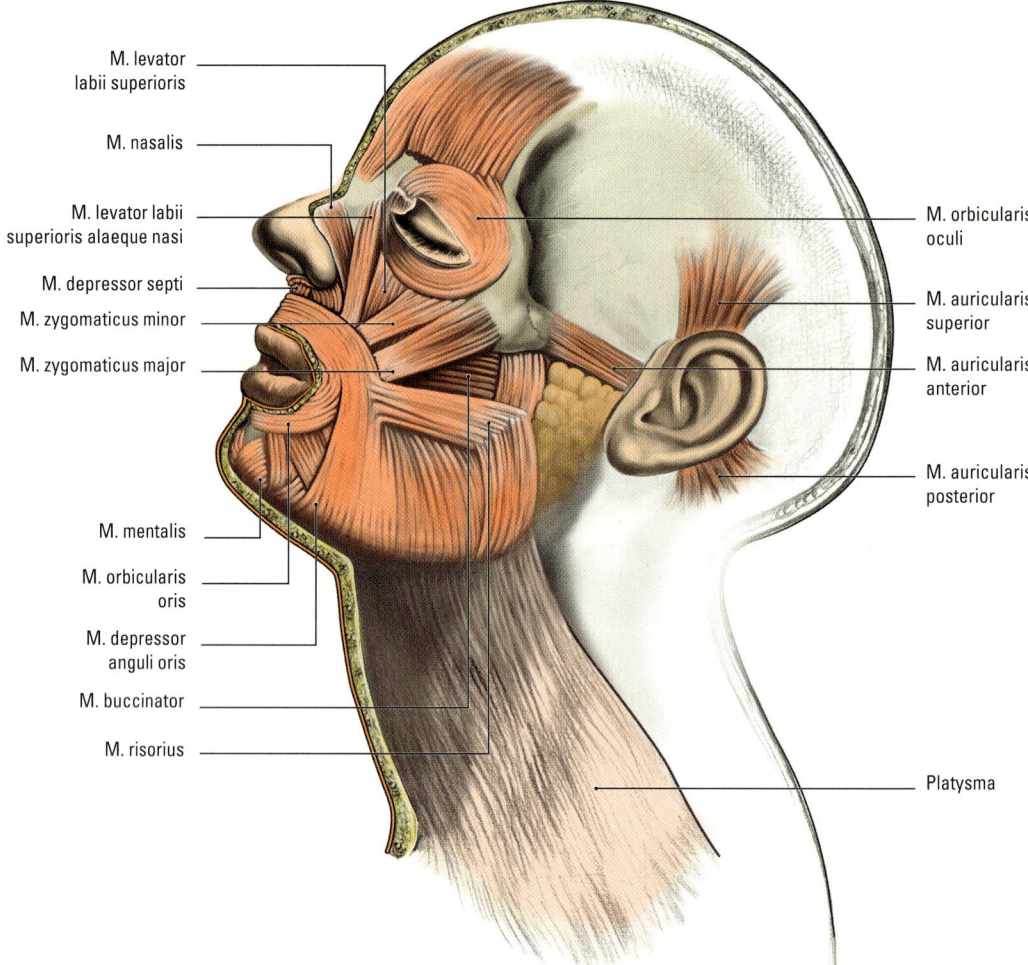

**Abb. 5: Wichtige mimische Muskeln**  *medi-learn.de/6-ana4-5*

Auch wenn sich das Thema der Muskeln von Kopf und Hals wie ein Fass ohne Boden anhört, ist es gar nicht so schlimm, wie du vielleicht denken magst. Denn fasst man sämtliche Muskeln in einzelne Gruppen zusammen, lassen sie sich einfacher behalten und die Innervation wird übersichtlich.

## 3.1 Mimische Muskeln

Auch wenn die mimischen Muskeln im schriftlichen seltener gefragt werden, sollte man einige benennen und deren Innervation kennen können! Also kurz: Zu den mimischen Muskeln (s. Abb. 5, S. 10) zählt man u. a.:

- M. buccinator,
- M. orbicularis oculi (Lidspaltenmuskel),
- M. auricularis sup./ant./post.(Ohrmuschelmuskeln),
- M. nasalis,
- M. orbicularis oris

**Alle** diese Muskeln werden **ohne Ausnahme** vom **Nervus facialis** innerviert (Nucleus nervi facialis). In früheren Examina wurde u. a. nach der Unfähigkeit des Lidschlusses mit ständig geöffnetem Auge und damit einer Schädigung der Cornea durch Austrocknung bei Schädigung des M. orbicularis oculi gefragt.

Merken musst du dir auch, dass der **M. buccinator** trotz seiner Lage in der tiefen Wangengegend ein **mimischer Muskel ist** und daher (wie alle mimischen Muskeln) vom **N. facialis** innerviert wird.

## 3.2 Kaumuskeln

Man unterscheidet vier verschiedene Kaumuskeln, die **alle vom N. trigeminus** (Ast = Nervus mandibularis, V3) innerviert werden (s. Abb. 6, S. 11):

- M. temporalis,
- M. masseter,
- M. pterygoideus medialis und
- M. pterygoideus lateralis.

Oberflächlich findet man den M. temporalis und den M. masseter. Der M. temporalis liegt in der gleichnamigen Grube (Fossa temporalis) und setzt sowohl an der Spitze des Processus coronoideus mandibulae als auch an dessen medialer Fläche an. Der M. masseter zieht hingegen vom Arcus zygomaticus zur Tuberositas masseterica an der Außenseite der Mandibula. Auf der Innenseite der Mandibula setzt der M. pterygoideus medialis an, der gemeinsam mit dem M. pterygoideus lateralis tiefer als die erstgenannten Kaumuskeln in der Fossa infratemporalis liegt. Hier bestehen nahe topografische Beziehungen zum Nervus lingualis. Der M. pterygoideus lateralis hat zwei Anteile: seine Pars superior hat ihren Ursprung an der Lamina lateralis des Ala major des Os sphenoidale, während die Pars inferior an der lateralen Fläche der Lamina lateralis des Proc. pterygoideus entspringt.

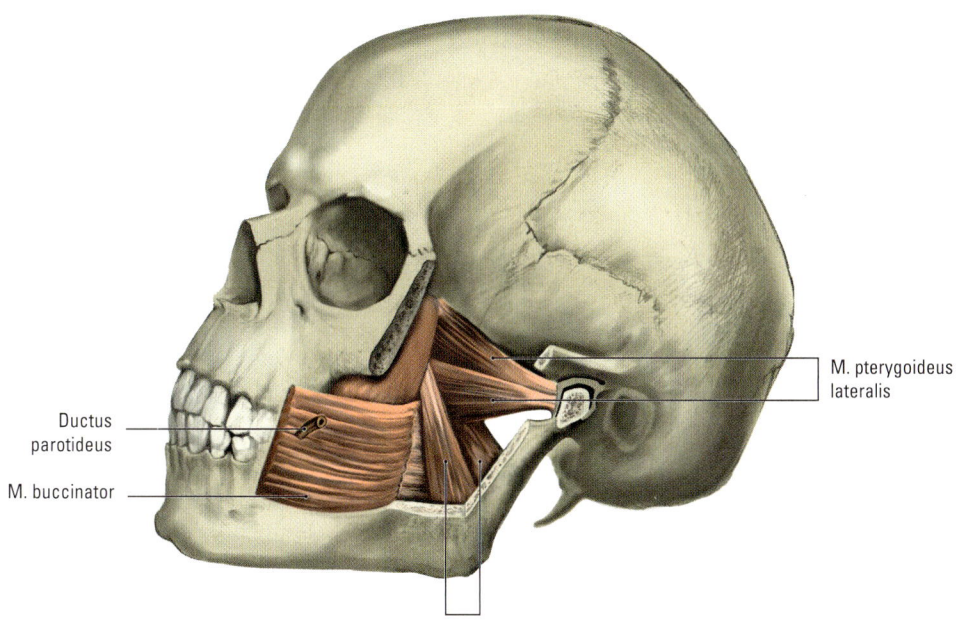

**Abb. 6: Kaumuskeln**  *medi-learn.de/6-ana4-6*

# 3 Kopf- und Halsmuskeln, Faszien

Der Muskel setzt am Discus atricularis und am Processus condylaris der Mandibula an.

> **Übrigens ...**
> - Funktionell ist der M. temporalis der einzige Kaumuskel, der den Unterkiefer nach hinten bewegen kann (Retrusion).
> - Der M. pterygoideus lateralis ist unter den Kaumuskeln der einzige Öffner im Kiefergelenk; alle anderen (Mm. masseter, temporalis und pterygoideus medialis) sind Schließer.
> - Die Protrusion wird vor allem durch die Mm. pterygoidei laterales hervorgerufen.
> - Der Discus articularis des Kiefergelenks (Articulatio temporomandibularis) besteht aus Faserknorpel.

## 3.3 Zungen- und Zungenbeinmuskeln

Im Schriftlichen wird hier gerne die Innervation der einzelnen Muskeln erfragt. Im Mündlichen kann hier so mancher Prüfer Lücken entdecken; also unbedingt angucken! Bei der **Zungenmuskulatur** unterscheidet man die Zungenbinnen- von der Zungenaußenmuskulatur. Die **Binnenmuskulatur** bewirkt eine große Flexibilität der Zunge (Sprechen, Kauen etc.), wobei die Muskeln in allen drei Raumebenen verlaufen.
Die **Außenmuskulatur** (s. Abb. 7, S. 12) setzt sich zusammen aus:
- M. palatoglossus,
- M. genioglossus,
- M. hyoglossus und
- M. styloglossus.

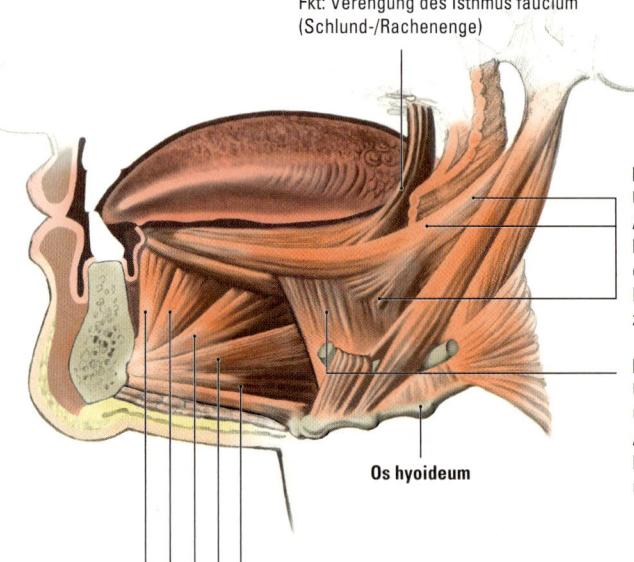

**M. palatoglossus**
U: Gaumenaponeurose
A: hinterer oberer Zungenbereich
Fkt: Verengung des Isthmus faucium (Schlund-/Rachenenge)

**M. styloglossus**
U: Proc. styloideus ossis temporalis
A: Strahlt von oben in die Zunge ein
Fkt: Zieht die Zunge nach hinten und oben (Saugen/Schlucken), bei einseitiger Kontraktion zur gleichen Seite

**M. hyoglossus**
U: Corpus und Cornu majus des Os hyoideum
A: Zunge und Aponeurosis linguae
Fkt: Zieht den Zungengrund nach unten und hinten

**M. genioglossus**
U: Spina mentalis mandibulae
A: Os hyoideum, Aponeurosis linguae
Fkt: „Zungenherausstrecker" → zieht die Zunge nach unten und ventral
Innervation: erster Spinalnerv (C1), dessen Fasern über den N. hypoglossus (= Hirnnerv XII) zum Muskel gelangen

**Abb. 7: Zungenaußenmuskulatur**

## 3.4 Mm. scaleni

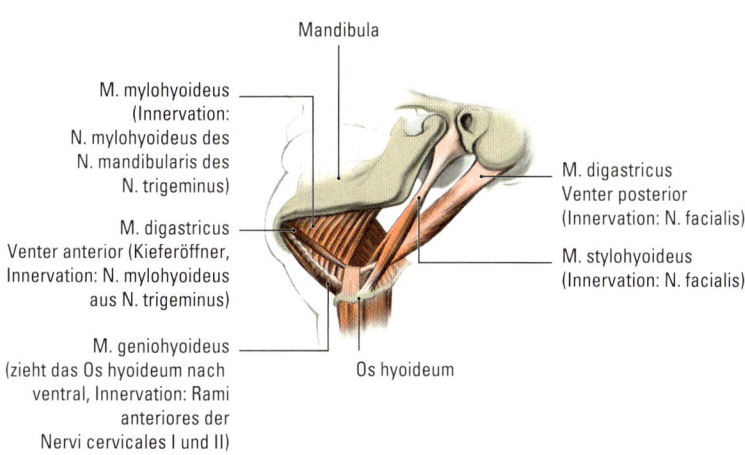

**Abb. 8:** Suprahyale Muskulatur  *medi-learn.de/6-ana4-8*

Der M. palatoglossus wird vom N. glossopharyngens innerviert (IX), **alle** anderen vom N hypoglossus (XII).

Die **Zungenbeinmuskeln** werden unterschiedlich innerviert. Hier unterscheidet man zwei Muskelgruppen: die **suprahyalen** Muskeln, die von der Mandibula zum Os hyoideum (Zungenbein) ziehen und die **infrahyalen** Muskeln. Die suprahyale Muskulatur (s. Abb. 8, S. 13) umfasst folgende Muskeln:
- M. geniohyoideus,
- M. stylohyoideus,
- M. digastricus und
- M. mylohyoideus.

Die **infrahyale Muskulatur** (s. Abb. 9, S. 13) wird von der Ansa cervicalis profunda innerviert. Sie umfasst die Muskeln, die das Sternum nach kranial ziehen und damit als Atemhilfsmuskeln fungieren:
- M. omohyoideus,
- M. sternohyoideus,
- M. thyrohyoideus und
- M. sternothyroideus.

Zudem dienen diese Muskeln indirekt der Flexion in den Kopf- und Halsgelenken sowie als Hilfsmuskeln beim Schlucken.

### 3.4 Mm. scaleni

Es gibt drei Mm. scaleni:
- den M. scalenus anterior,
- den M. scalenus medius und
- den M. scalenus posterior.

Sie alle haben ihren Ursprung an den Processus transversi der Halswirbel und setzen an der ersten und zweiten Rippe an.

Hierbei hat der M. scalenus anterior im unteren Halsbereich eine nahe topografische Beziehung zur Arteria und Vena subclavia, dem N. phrenicus und dem Plexus brachialis. Vor dem M. scalenus anterior verläuft lediglich die V. subclavia. Die A. subclavia und der Plexus brachialis ziehen durch die Lücke zwischen dem M. scalenus anterior und medius hindurch. Diese kann durch eine Halsrippe eingeengt werden.

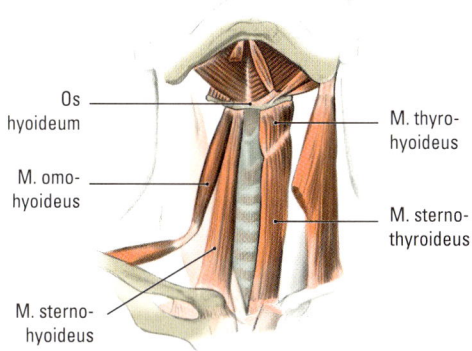

**Abb. 9:** Infrahyale Muskeln  *medi-learn.de/6-ana4-9*

# 3 Kopf- und Halsmuskeln, Faszien

> **Merke!**
>
> Die **V**ena subclavia verläuft **v**or dem M. scalenus anterior.

Die Mm. scaleni werden (auch im Mündlichen) oft gefragt und sind aktuelles Thema des Gegenstandskatalogs. Leider gibt es bezüglich der Skalenuslücken keine einheitliche Nomenklatur. Für die schriftliche Prüfung solltest du im Hinterkopf behalten, dass man die Skalenuslücken in eine vordere und hintere Skalenuslücke unterteilen kann. Die **„vordere"** Skalenuslücke liegt – auch wenn sie keine echte Lücke ist – **vor** dem M. scalenus anterior; durch sie zieht **NUR** die V. subclavia. Die hintere und echte Skalenuslücke befindet sich zwischen dem M. scalenus anterior und medius; durch sie ziehen die A. subclavia und der Plexus brachialis.

## 3.5 Halsfaszie

Die Halsfaszie wird Fascia cervicalis genannt und teilt sich in drei Blätter auf (s. Abb. 10, S. 14):
- Lamina superficialis,
- Lamina praetrachealis und
- Lamina praevertebralis.

### 3.5.1 Lamina superficialis fasciae cervicalis

Die Lamina superficialis ist die oberflächliche Halsfaszie, die die gesamte Halsmuskulatur inklusive der Glandula submandibularis umhüllt und dorsal in die Fascia nuchae übergeht.

### 3.5.2 Lamina praetrachealis fasciae cervicalis

Die Lamina praetrachealis liegt vor der Trachea. Sie umhüllt Knochen (Os hyoideum, Manubrium sterni, Clavicula), Halseingewei-

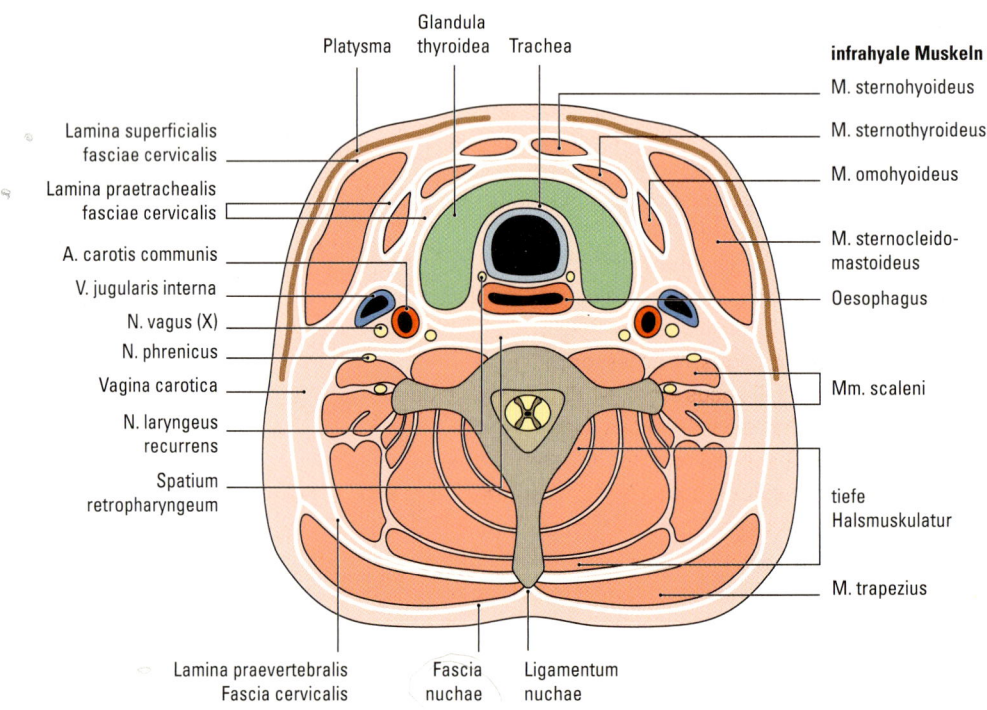

**Abb. 10:** Halsfaszie und ihre drei Blätter im Horizontalschnitt

de (Trachea, Ösophagus, Glandula thyroidea und parathyroidea), infrahyale Muskeln (M. omohyoideus, M. thyrohyoideus, M. sternohyoideus, M. sternothyroideus), den Pharynx und den Larynx.

Da dieses Blatt der Halsfaszie mit der Vagina carotica verwachsen ist und diese auch den infrahyalen Muskel M. omohyoideus umgibt, kommt es bei Kontraktion des M. omohyoideus zum Zug auf die Vagina carotica und damit zum Offenhalten der Vena jugularis.

### 3.5.3 Lamina praevertebralis fasciae cervicalis

Die Lamina praevertebralis liegt hinter den Halseingeweiden und umgibt (häufig gefragt!) neben den Halsmuskeln (M. longus colli, Mm. scaleni, M. longus capitis) auch Nerven (Truncus sympathicus mit den drei Halsganglien, Plexus brachialis, N. phrenicus) und Gefäße (A. subclavia).

### 3.6 Spatium para- bzw. lateropharyngeum

Das Spatium retropharyngeum ist ein Bindegewebsraum, der sich von der Schädelbasis bis ins Mediastinum erstreckt und sich dorsal an den Pharynx anschließt. Das Spatium para- bzw. lateropharyngeum (s. Abb. 11, S. 15) ist ein Raum, der lateral des Pharynx und beiderseits (lateral und ventral) des Spatium retropharyngeum liegt. Es enthält die Hirnnerven IX–XII (N. glossopharyngeus, N. vagus, N. accessorius und N. hypoglossus), den Truncus sympathicus, die A. carotis interna und die V. jugularis interna (Vagina carotica = Gefäßnervenscheide des Halses). Weitere Strukturen dieses Spatiums sind der kaudale Teil der Parotis, der N. lingualis, N. auriculotemporalis, N. alveolaris inferior, die Chorda tympani und das Ganglion oticum.

Hier solltest du versuchen, dir besonders die Strukturen einzuprägen, mit denen man viele Punkte machen kann (die hier erstgenannten). Da der Rest zudem schwierig vorstellbar und daher auch schlecht zu behalten ist, kannst du den dafür benötigten Platz im Hirn besser für andere Dinge verwenden.

> **Merke!**
>
> **Caro**lin **tr**inkt mit **sympathi**schen **Ju**ngen von **9–12**, für folgende Strukturen des Spatium para-/lateropharyngeum:
> - A. **caro**tis interna
> - **Tr**uncus **sympathi**cus
> - V. **ju**gularis interna
> - Hirnnerven **IX–XII**

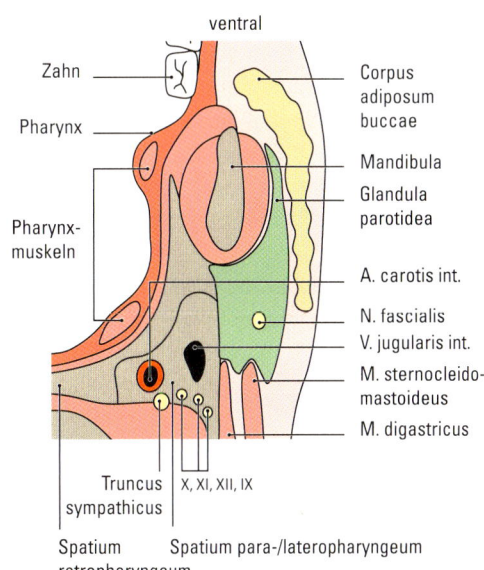

Abb. 11: Spatium para-/lateropharyngeum, Blick von kranial

*medi-learn.de/6-ana4-11*

## DAS BRINGT PUNKTE

Fragen im Physikum aus dem Kapitel **Kopf- und Halsmuskeln** betreffen die Innervation der mimischen Muskeln, der Kaumuskeln und die Skalenuslücken. Du solltest dir daher unbedingt merken, dass
- alle mimischen Muskeln durch den N. facialis innerviert werden.
- alle Kaumuskeln durch den N. mandibularis, einem Ast des N. trigeminus innerviert werden.
- durch die (hintere) Skalenuslücke zwischen dem M. scalenus anterior und medius die A. subclavia und der Plexus brachialis ziehen.

## FÜRS MÜNDLICHE

Im mündlichen Examen gab es zu Kopf- und Halsmuskeln folgende Fragen:

1. Welche mimischen Muskeln kennen Sie und wie werden sie innerviert?
2. Was sind die Kaumuskeln?
3. Benennen Sie die Zungen- und Zungenbeinmuskeln mit ihrer Innervation.
4. Was umfasst die Halsfaszie?

**1. Welche mimischen Muskeln kennen Sie und wie werden sie innerviert?**
Beispiele sind der M. orbicularis oculi und der M. buccinator; Innervation = N. facialis.

**2. Was sind die Kaumuskeln?**
Es gibt vier verschiedene: den M. temporalis, M. masseter, M. pterygoideus medialis und lateralis; Innervation: N. trigeminus mit seinem dritten Ast, dem N. mandibularis.

**3. Benennen Sie die Zungen- und Zungenbeinmuskeln mit ihrer Innervation.**
Die Zungenmuskeln werden in zwei Gruppen eingeteilt: die Außen- und die Binnenmuskulatur (s. Abb. 7, S. 12 und Abb. 8, S. 13). Sie sorgen für eine hohe Flexibilität der Zunge. Die Zungenbeinmuskulatur setzt sich aus der Gruppe der supra- und infrahyalen Muskeln zusammen. Die suprahyale Muskulatur besteht aus mehreren Muskeln mit verschiedener Innervation, z. B. dem M. geniohyoideus, der das Os hyoideum nach ventral zieht und von den Rami anteriores der Nervi cervicales I und II innerviert wird.

Außerdem besitzt die suprahyale Muskulatur als Kieferöffner den M. mylohyoideus und den M. digastricus anterior, die vom N. mylohyoideus innerviert werden und letztlich den M. stylohyoideus und den M. digastricus posterior, die vom N. facialis innerviert werden und beim Schluckakt mithelfen.
Die Gruppe der infrahyalen Muskeln umfasst vor allem den M. omohyoideus, den M. sternothyroideus und den M. sternohyoideus, die alle von der Ansa cervicalis profunda innerviert werden.

**4. Was umfasst die Halsfaszie?**
Die Halsfaszie ist an der Mandibula und dem Sternum aufgehängt und unterteilt sich in drei Blätter:
- die Lamina superficialis fasciae cervicalis,
- die Lamina praetrachealis und
- die Lamina praevertebralis (Details s. 3.5, S. 14).

# FÜRS MÜNDLICHE

Dies solltest du dir unbedingt mal selber laut erzählen, da man oft das Gefühl hat, es verstanden zu haben, aber gerade dieses Thema oftmals schwer in die richtigen Worte gefasst werden kann.

Mehr Cartoons unter www.medi-learn.de/cartoons

# Pause

Kleine Pause!
Anatomie ganz praktisch veranlagt ...

# Ein besonderer Berufsstand braucht besondere Finanzberatung.

Als einzige heilberufespezifische Finanz- und Wirtschaftsberatung in Deutschland bieten wir Ihnen seit Jahrzehnten Lösungen und Services auf höchstem Niveau. Immer ausgerichtet an Ihrem ganz besonderen Bedarf – damit Sie den Rücken frei haben für Ihre anspruchsvolle Arbeit.

- Services und Produktlösungen vom Studium bis zur Niederlassung
- Berufliche und private Finanzplanung
- Beratung zu und Vermittlung von Altersvorsorge, Versicherungen, Finanzierungen, Kapitalanlagen
- Niederlassungsplanung & Praxisvermittlung
- Betriebswirtschaftliche Beratung

### Lassen Sie sich beraten!
Nähere Informationen und unseren Repräsentanten vor Ort finden Sie im Internet unter
www.aerzte-finanz.de

Standesgemäße Finanz- und Wirtschaftsberatung

# 4 Kopf- und Halseingeweide

Fragen in den letzten 10 Examen: 37

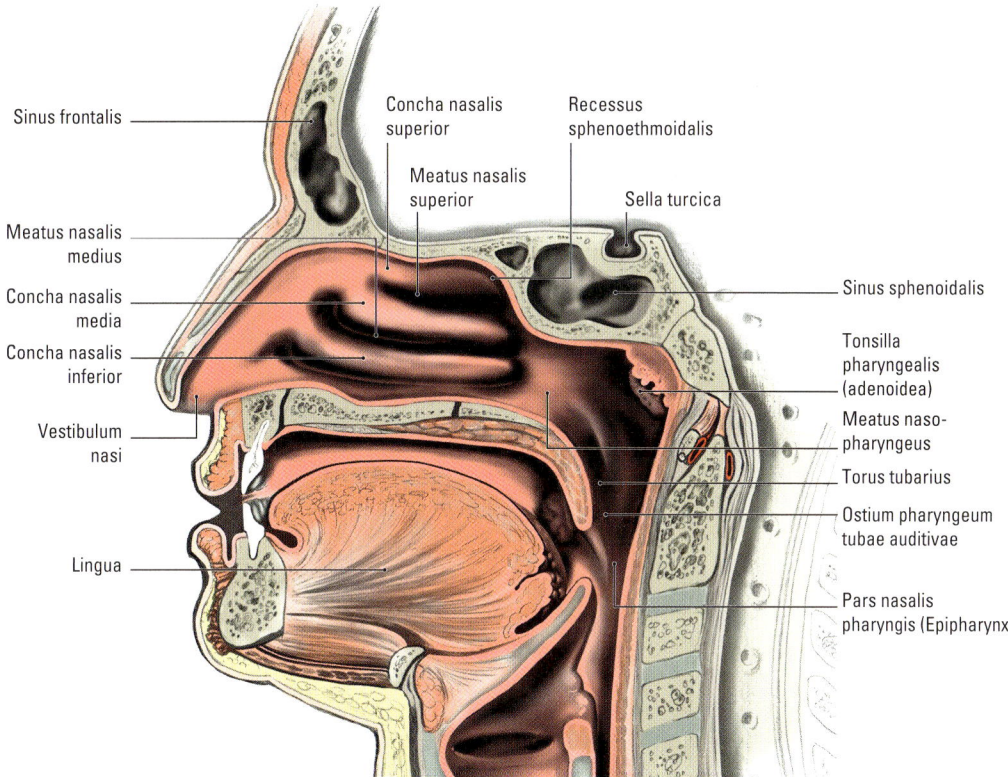

Abb. 12: Cavitas nasi, laterale Wand

medi-learn.de/6-ana4-12

Das Kapitel der Kopf- und Halseingeweide umfasst ein weites Spektrum, das aber glücklicherweise nicht in allen Details geprüft wird. Einzelne Themen wie die Mündungen der Nasennebenhöhlen in die Nasenhöhle, der Larynx oder die Speicheldrüsen mit ihrer parasympathischen Innervation fehlen aber in fast keinem Physikum und lassen sich anschaulich erklären und merken. Also alles halb so schlimm.

## 4.1 Nase

Die Nasenhöhle (Cavitas nasi) wird durch das Septum nasi in zwei annähernd gleich große Höhlen unterteilt.

Den Bereich bis zum Limen nasi nennt man Vestibulum (Vorhof) nasi, den restlichen Bereich Cavum nasi (s. Abb. 14, S. 21).

Das **Septum** nasi besteht aus einer Pars ossea (Teil des Os ethmoidale und des **Vomer**) und einer Pars intercartilaginea (hyaliner Knorpel). Die Verbindung zur Außenwelt stellen die Aperturae piriformis (Nasenlöcher) und die zum Nasenrachenraum die Choanen her.

Die knöcherne Struktur der **lateralen** Nasenwand setzt sich zusammen aus:
- Os frontale,
- Os nasale,
- Os ethmoidale (mit Concha nasalis superior und media),
- Os lacrimale,

## 4 Kopf- und Halseingeweide

- Concha nasalis inferior,
- Maxilla und
- Os palatinum.

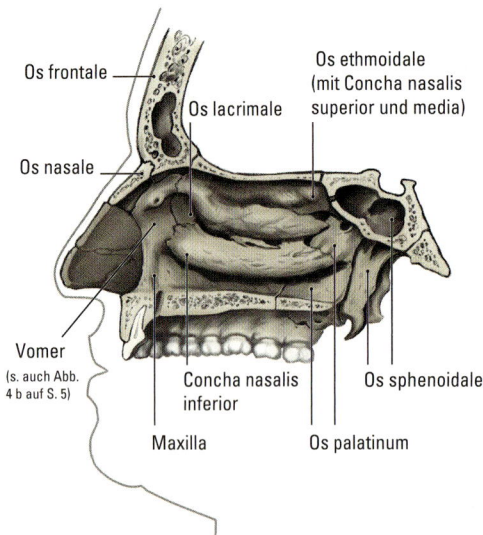

Abb. 13: Knochen der lateralen Nasenwand
*medi-learn.de/6-ana4-13*

Bei den Conchae nasales (Nasenmuscheln) handelt es sich um drei dünne Knochenplatten, die in die Nasenhöhle hineinragen und mit Schleimhautepithel überzogen sind. Hier liegen die Öffnungen zu den Nasennebenhöhlen und die Mündung des Tränennasengangs. Während die Concha nasalis superior und media zum Os ethmoidale gezählt werden, handelt es sich bei der Concha nasalis inferior um einen eigenständigen Knochen.
Die drei Nasengänge, die zu den Nasennebenhöhlen führen (Meatus nasi superior, medius und inferior) liegen unterhalb des bogenartigen Randes der drei Conchae nasales (s. Abb. 12, S. 19).

- Der Meatus nasi superior liegt unterhalb der Concha nasalis superior. Hier münden die Cellulae ethmoidales posteriores (hintere Siebbeinzellen).
- Der Meatus nasi medius ist klinisch besonders wichtig. Er liegt unterhalb der mittleren Nasenmuschel, wo sich auch der Hiatus semilunaris befindet, und dient als Mündungsstelle für die Cellulae ethmoidales anteriores, den Sinus frontalis und den Sinus maxillaris.
- In den Meatus nasi inferior mündet der Tränennasengang (Ductus nasolacrimalis). Der Ductus nasolacrimalis geht aus dem Saccus lacrimalis hervor, hat topografische Beziehungen zur Maxilla, mündet in den Meatus nasi inferior und besitzt an seiner Mündung eine klappenartige Schleimhautfalte.
- Zum Zeitpunkt der Geburt kann der Ductus nasolacrimalis gegen das Nasenlumen verschlossen sein.
- Eine Sonderstellung nimmt der Ausführungsgang des Sinus sphenoidalis ein (s. Abb. 12, S. 19): Er mündet oberhalb des Hinterrandes des Meatus nasi superior in seinen eigenen Recessus, den Recessus sphenoethmoidalis. Hier befindet sich auch die Verbindung zur Fossa sphenopalatina (über das Foramen sphenopalatinum).

> **Merke!**
>
> Wichtig ist, welche Struktur in welchen Nasengang mündet:
> - Meatus nasi superior: Cellulae ethmoidales posteriores
> - Meatus nasi medius: der gesamte Rest
> - Meatus nasi inferior: Ductus nasolacrimalis
>
> Wichtige Ausnahme: der Sinus sphenoidalis mit seinem eigenen Recessus.

### 4.1.1 Innervation und Blutversorgung der Nase

Innervation und Blutversorgung der Nase sind schon öfters im Mündlichen gefragt worden, sodass man eine grobe Vorstellung haben sollte. Die Innervation der Nase umfasst drei Qualitäten:

1. **Sensibel** wird die Nase im ventralen Bereich von Ästen des **N. ophthalmicus** (z. B. durch den N. ethmoidalis anterior) und im dorsalen Bereich von Ästen des **N. maxillaris** versorgt.

## 4.2 Nasennebenhöhlen

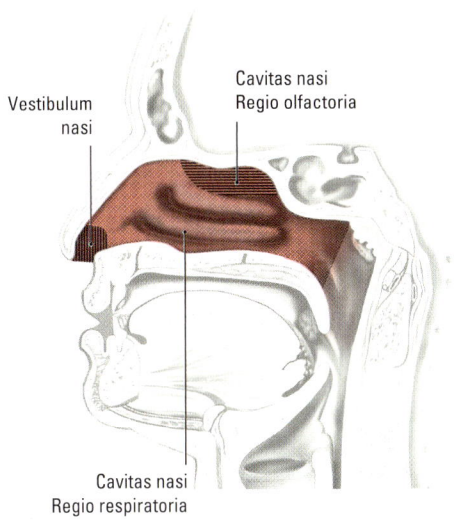

Abb. 14: Bereiche der Nase   medi-learn.de/6-ana4-14

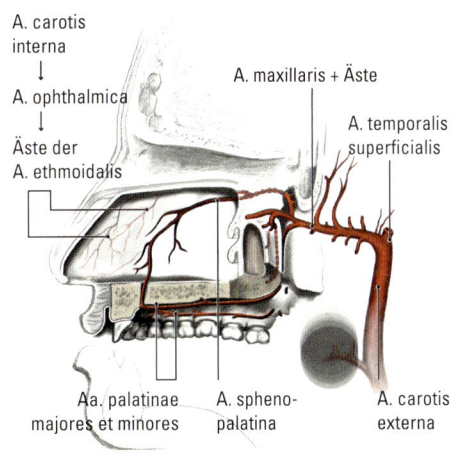

Abb. 15: Blutversorgung Nase

medi-learn.de/6-ana4-15

2. Die **sekretorische** Innervation der Glandulae nasales erfolgt über den **N. petrosus major** (fördert die Sekretion) aus dem parasympathischen Ganglion pterygopalatinum und dem sympathischen **N. petrosus profundus** (hemmt die Sekretion).
3. **Sensorisch** versorgen die **Nn. olfactorii (I)** die Regio olfactoria.

Die **Blutversorgung** der Nase rührt aus zwei unterschiedlichen Quellen. Vor allem der ventrale und obere Bereich der Nase wird aus Ästen der A. carotis interna gespeist, während der Rest aus der A. carotis externa (vor allem über die A. sphenopalatina, s. Abb. 15, S. 21) versorgt wird.

**Übrigens ...**
Wird Riechschleimhaut verletzt (z. B. bei Operationen), ist sie nicht für immer beeinträchtigt, da sich laufend neue Sinneszellen differenzieren. Diese Zellen sind Abkömmlinge von rundlichen Basalzellen des olfaktorischen Epithels.

### 4.2 Nasennebenhöhlen

Die Nasennebenhöhlen (NNH) werden auch Sinus paranasales genannt und sind luftgefüllte Räume, die an die Nasenhöhle angrenzen (s. Abb. 11, S. 15 und Abb. 13, S. 20). Die NNH entwickeln sich erst etwa ab dem 3. Lebensjahr, und die Pneumatisation dauert bis ins Erwachsenenalter an (bis ca. zum 20. Lebensjahr). Man unterscheidet vier Nasennebenhöhlen:
– den Sinus maxillaris (Kieferhöhle),
– den Sinus frontalis (Stirnbeinhöhle),
– den Sinus sphenoidalis (Keilbeinhöhle) und
– die Cellulae ethmoidales/Labyrinthus ethmoidalis (Siebbeinzellen).

Alle NNH stehen in topografischer Beziehung zur Orbita. Alle – außer dem Sinus maxillaris – haben zudem eine topografische Beziehung zur Schädelhöhle und den Meningen.

Die Funktion der NNH besteht in einer Vergrößerung der Nasenhöhle, einer verbesserten Anwärmung der Atemluft, der Vergrößerung des Resonanzraums (Stimme) und einer Gewichtsersparnis.
Im Einzelnen lassen sich zu den NNH folgende prüfungsrelevante Punkte zusammenfassen:

## 4 Kopf- und Halseingeweide

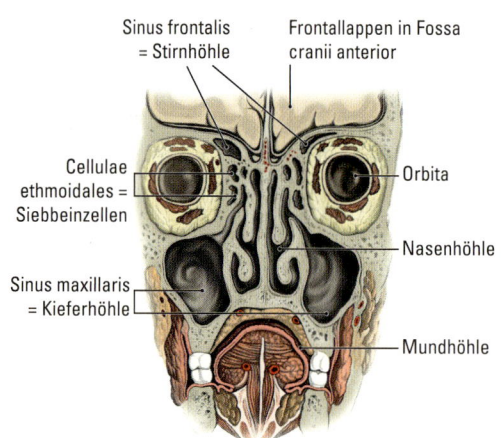

Abb. 16: Nasennebenhöhlen (Frontalschnitt)

*medi-learn.de/6-ana4-16*

- Der **Sinus maxillaris (Kieferhöhle)** ist paarig angelegt und grenzt an den Canalis infraorbitalis. Es handelt sich um die größte NNH, die sich fast in der ganzen Maxilla ausbreitet. Direkt unterhalb liegen die Oberkieferzähne; der Sinus maxillaris grenzt hier an die Wurzel des 1. Molaren. Bei einer Eiteransammlung (Abszess) kann es zu einem Durchbruch in die Kieferhöhle kommen. Der Ausführungsgang mündet in das trichterförmige Infundibulum ethmoidale, das am Hiatus maxillaris in den Meatus nasi medius führt.
- Der **Sinus frontalis (Stirnbeinhöhle)** wird durch ein Septum interfrontale in zwei paarig angelegte Sinus frontales getrennt. Sie sind in Form und Größe variabel und münden über Aperturae sinus frontales in den Hiatus semilunaris und den Meatus nasi medius.
- Auch der **Sinus sphenoidalis (Keilbeinhöhle)** ist paarig angelegt und meist durch ein Septum unvollständig getrennt. Sein Ausführungsgang mündet in den Recessus sphenoethmoidalis (mit topografischer Beziehung zum Sinus cavernosus).
- Die **Cellulae ethmoidales/Labyrinthus ethmoidalis (Siebbeinzellen)** sind acht bis zehn erbsengroße, pneumatisierte Knochenkapseln im Os ethmoidale, die man zusammen Sinus ethmoidalis nennt. Sie haben u. a. topografische Beziehungen zur Stirnbeinhöhle, der vorderen Schädelgrube, zur Orbita und zur Keilbeinhöhle.

Man unterteilt sie weiter in zwei Gruppen mit unterschiedlichen Mündungsstellen in die Nasenhöhlen:
- **Cellulae ethmoidales anteriores (vordere Siebbeinzellen)**, münden in den Meatus nasi medius.
- **Cellulae ethmoidales posteriores (hintere Siebbeinzellen)**, münden in den Meatus nasi superior.

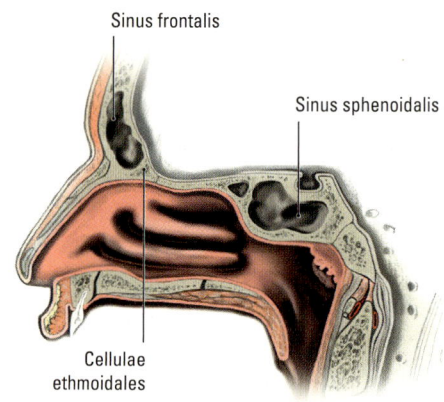

Abb. 17: Nasennebenhöhlen (Sagittalschnitt)

*medi-learn.de/6-ana4-17*

### 4.3 Zähne

Die Zähne entstehen aus Ektoderm und Mesenchym (Odontoblasten). Die Bildung der Hartsubstanz beginnt bereits vor der Geburt, während die Odontoblasten Dentin auch noch beim Erwachsenen bilden.

Die Zahnentwicklung erstreckt sich insgesamt über die Zeitspanne von der 6. Entwicklungswoche bis zum 16. Lebensjahr, wobei der erste Zahn des Milchgebisses (Dentes deciduales) meist der erste (untere mediale) Schneidezahn oder der erste Molar mit ca. 6–12 Monaten ist, während der erste Zahn des bleibenden Gebisses (Dentes permanentes) – der erste Molar (zweiwurzelig) – im Alter von ca. 6 Jahren auftritt.

## 4.4 Zungenpapillen

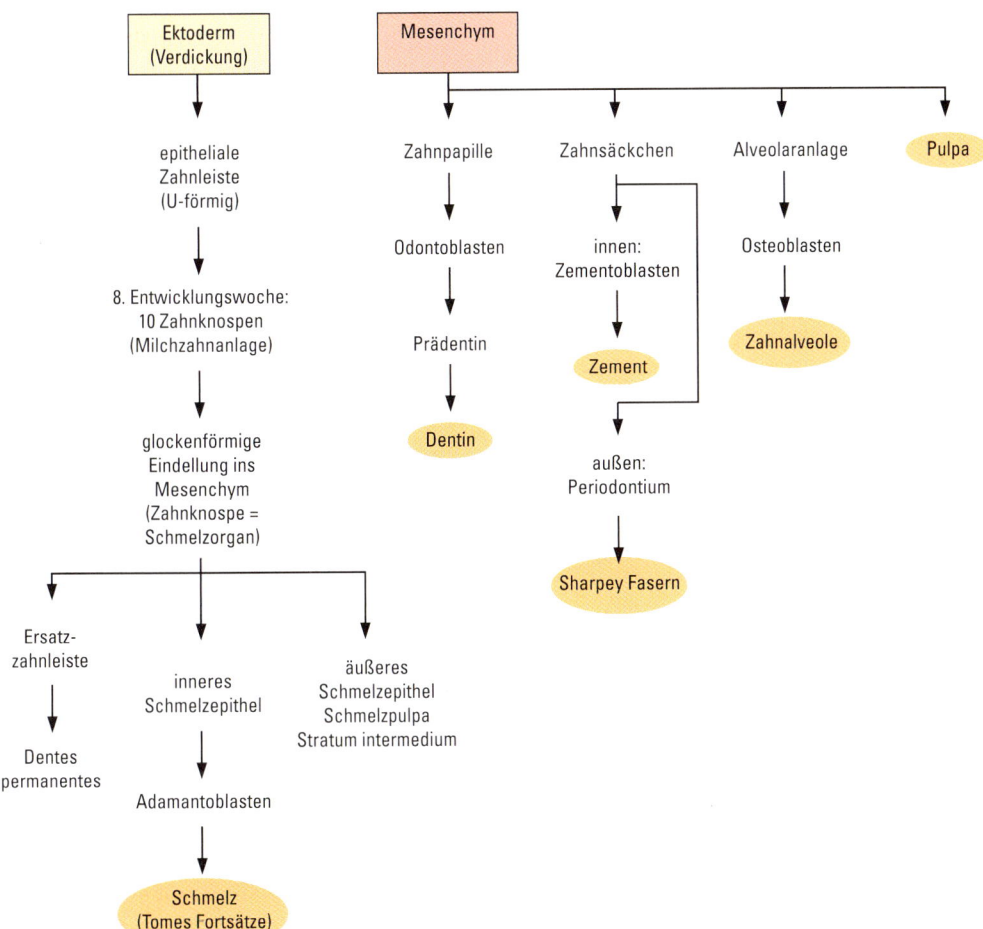

Abb. 18: Zahnentwicklung

### Merke!

- Erster Zahn des Milchgebisses ist meist der erste (untere mediale) Schneidezahn oder der erste Molar (6.–12. Monat).
- Der zweite Milchmolar tritt von den Oberkieferzähnen des Milchgebisses am häufigsten als letzter durch.
- Erster Zahn des bleibenden Gebisses ist der erste Molar (zweiwurzelig).

Der Halteapparat eines Zahnes setzt sich zusammen aus dem Periodontium (Wurzelhaut), der Substantia ossea (Zement), dem angrenzenden Alveolarknochen und der Gingiva (Zahnfleisch).

### 4.4 Zungenpapillen

Mündlich und in früheren Examina wurden auch schriftlich gerne die Zungenpapillen mitsamt ihren Qualitäten abgefragt:
Der Sulcus terminalis liegt an der Grenze zwischen Zungenwurzel (Radix linguae) und Corpus linguae (s. Abb. 20, S. 25). Die Zungenpapillen sind vor dem Sulcus terminalis auf den vorderen 2/3 der Zunge ausgebildet. Sie liegen in der Schleimhaut des Zungenrückens und dienen der Tast- und Geschmacksempfin-

dung. Insgesamt werden vier Arten von Papillen unterschieden:
- Entlang des Sulcus terminalis sind die sieben bis zwölf **Papillae vallatae** angeordnet. Sie besitzen einen ringförmigen Graben und enthalten Geschmacksknospen mit Von-Ebner-Spüldrüsen. Die Geschmacksknospen der Papillae vallatae werden überwiegend vom N. glossopharyngeus (IX) innerviert.
- Die **Papillae foliatae** liegen seitlich hinten und imponieren als Schleimhautfalten. Auch sie enthalten Von-Ebner-Spüldrüsen und vereinzelte Geschmacksdrüsen.
- Die **Papillae fungiformes** erkennt man bereits mit bloßem Auge als kleine rote Punkte an der Zungenspitze und den Zungenrändern. Sie enthalten wenige Geschmacksknospen und Thermorezeptoren.
- Die **Papillae filiformes** liegen vorwiegend auf dem Zungenrücken. Sie sind verhornt und dienen als Mechanorezeptoren. Geschmacksknospen findet man hier NICHT.

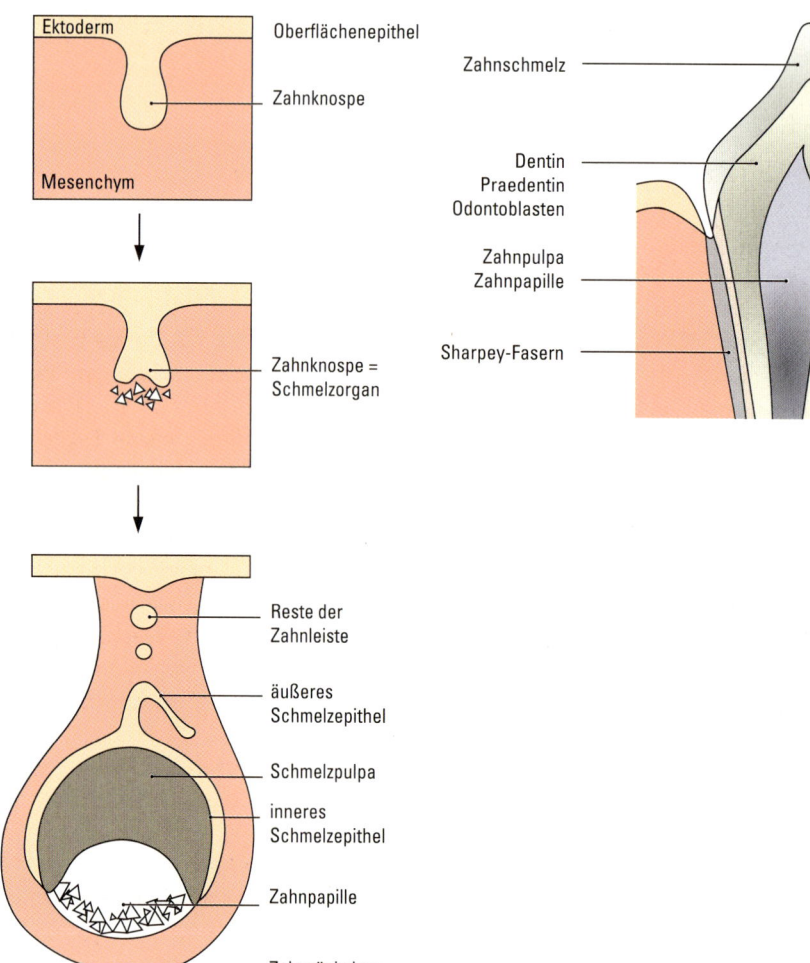

**Abb. 19: Zahnaufbau**

medi-learn.de/6-ana4-19

## 4.4.1 Innervation der Zunge

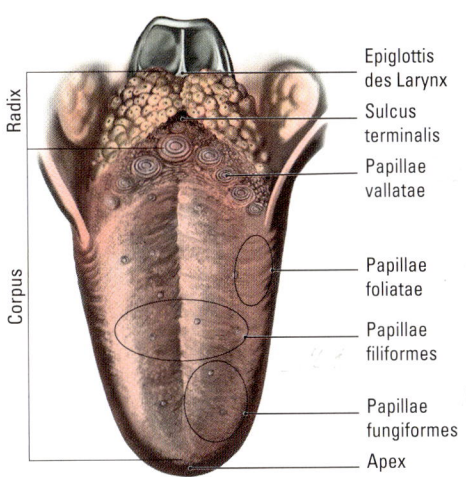

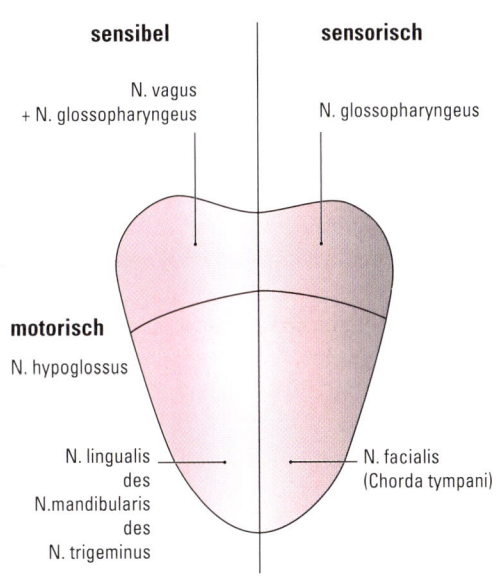

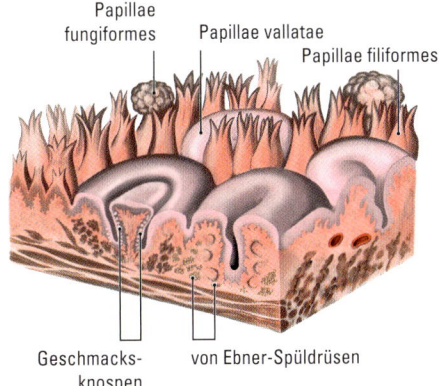

**Abb. 20: Zungenpapillen**  medi-learn.de/6-ana4-20

**Abb. 21: Zungeninnervation**  medi-learn.de/6-ana4-21

### 4.4.1 Innervation der Zunge

Wenn im Mündlichen Zungenpapillen gefragt werden, kommt oft auch noch eine Frage zur Innervation. Daher kurz: An der Zunge kann man bezüglich der Innervation drei Qualitäten unterscheiden:
- die motorische,
- die sensible und
- die sensorische.

1. Die **motorische** Innervation der Zungenbinnenmuskulatur (s. 3.3, S. 12) sowie eines Teils der infrahyalen und Unterzungenmuskulatur erfolgt durch den **N. hypoglossus** (XII).

2. Die **sensorische** Innervation erfolgt für die vorderen zwei Drittel der Zunge (u. a. der Geschmacksknospen des Zungenrückens) durch den **N. intermediofacialis** über die Chorda tympani. Das hintere Drittel der Zunge wird durch den **N. glossopharyngeus** versorgt. Der Terminationskern für die Rezeptorenfelder „Geschmacksrezeptoren im vorderen und hinteren Teil der Zunge" ist der Nucleus solitarius. In den Geschmacksknospen der Zunge liegen Nervenendigungen der speziell viszeroafferenten Fasern der pseudounipolaren Nervenzellen des Ganglion geniculi.

3. Die **sensible** Innervation der Zunge erfolgt auf den vorderen zwei Drittel durch den N. lingualis (ein Ast des N. mandibularis des **N. trigeminus**), während das hintere Drittel durch den **N. glossopharyngeus** innerviert wird.

> **Übrigens ...**
> - Bei einem Ausfall des Nervus hypoglossus einer Seite weicht die Zun-

## 4 Kopf- und Halseingeweide

- ge beim Herausstrecken zur kranken Seite ab (s. Punkt 1).
- Eine Geschmacksstörung der vorderen zwei Drittel einer Zungenhälfte ist am ehesten auf eine Schädigung des N. intermediofacialis zurückzuführen (s. Punkt 2).
- An der Tonsilla lingualis (liegt am Zungengrund) geht die sensible und sensorische Innervation in das Versorgungsgebiet des N. vagus über.

### 4.5 Speichel- und Tränendrüsen

Die Speicheldrüsen produzieren 1 bis 1,5 Liter Speichel pro Tag. Dieser Speichel ist reich an Schleim, Amylase, Abwehrzellen, Lysozym und Antikörpern. Er dient der Anfeuchtung der Mundhöhle und des Inhalts, der Einleitung der Verdauung, hat eine bakterizide und exkretorische Funktion (z. B. Sekretion von Jod und Kalium) und vermittelt die Resorption von Natrium. Ein Teil der Speicheldrüsen mündet in die Cavitas oris propria (Cavum oris proprium); so z. B. die Glandula lingualis anterior, die Glandulae palatinae, die Glandula submandibularis und die Glandula sublingualis. Die Glandula lingualis anterior und die Glandulae palatinae sind in diesem Zusammenhang eher unwichtig und wurden bislang im schriftlichen Examen nicht gefragt. Man kann sie daher außer Acht lassen, sollte aber im Hinterkopf behalten, dass sie wie **alle Drüsen** im Kopf- und Halsbereich vom **N. facialis** innerviert werden. Alle, mit einer

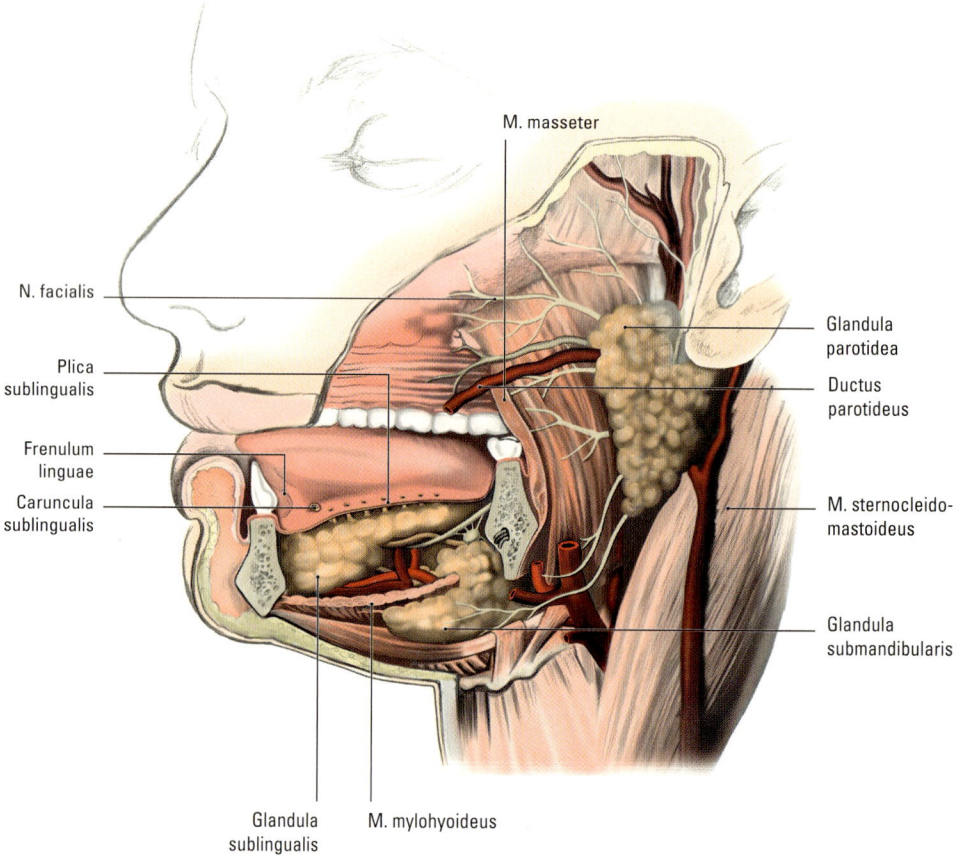

Abb. 22: Speicheldrüsen

medi-learn.de/6-ana4-22

## 4.5 Speichel- und Tränendrüsen

**Ausnahme**: Die Glandula **parotidea** wird vom **N. glossopharyngeus** innerviert.

Man unterscheidet vier äußerst prüfungsrelevante Drüsen im Kopf-Halsbereich (s. Abb. 22, S. 26):

- Die **Glandula parotidea (Parotis)** liegt präaurikulär und reicht bis in die Fossa retromandibularis. Sie ist eine rein seröse Drüse, die aus Myoepithelzellen besteht, und wird von zwei Faszienblättern umhüllt (Parotisloge). Der **Ductus parotideus** entwickelt sich vom Mundhöhlenepithel aus und verlässt die Drüse am Vorderrand. Anschließend zieht er lateral des Kaumuskels M. masseter in der Regio buccalis mundwärts, durchbohrt dabei den mimischen Muskel M. buccinator und mündet im Vestibulum oris gegenüber dem zweiten oberen Molaren. Klinisch kann es zur Parotitis (Mumps) mit der Gefahr des Übergriffs auf andere drüsige Organe kommen. In der Parotis verlaufen u. a. der N. glossopharyngeus und der N. intermediofacialis sowie die A. carotis externa; letztere teilt sich hier in die A. maxillaris und A. temporalis superficialis auf. Die Parotis grenzt zudem nach hinten an den M. sternocleidomastoideus. Ihre **parasympathische Innervation erfolgt durch den N. glossopharyngeus (Kern = Nucleus salivatorius inferior)**. Da alle anderen Drüsen im Kopf-Halsbereich vom Nervus (intermedio) facialis innerviert werden, stellt die Innervation der Parotis eine gern gefragte Ausnahme dar!

- Die **Glandula submandibularis** ist eine seromuköse Drüse, die im Trigonum submandibulare liegt. Die Drüse zieht c-förmig um den Hinterrand des Mundbodenmuskels M. mylohyoideus herum, sodass sich Anteile der Drüse sowohl unterhalb als auch oberhalb des M. mylohyoideus befinden (s. Abb. 22, S. 26). Auf dem Diaphragma oris zieht der **Ductus** submandibularis dann nach ventral und mündet neben dem Frenulum linguae auf der Caruncula sublingualis. Die parasympathische Innervation erfolgt durch den N. (intermedio)facialis (zum Teil über die Chorda tympani). Die Glandula submandibularis wird von der A. facialis erreicht, die durch sie hindurchzieht und grenzt medial an den Venter anterior des M. digastricus. Sensibel versorgt sie der Nervus lingualis.

- Die **Glandula sublingualis** ist in der Regio sublingualis lokalisiert und wölbt sich als Plica sublingualis in die Mundhöhle vor. Es handelt sich hierbei um eine muko-seröse Drüse, die auf dem M. mylohyoideus liegt (s. Abb. 22, S. 26) und in einen vorderen und einen hinteren Teil eingeteilt wird: Der vordere Teil führt über den Ductus sublingualis major zur Caruncula sublingualis, während der hintere Teil über zahlreiche Ductuli sublinguales minores neben der Zunge auf der Plica sublingualis mündet. Auch diese Drüse wird durch den N. (intermedio) facialis innerviert.

- Die **Glandula lacrimalis** ist die Tränendrüse. Sie liegt am Os frontale und ist eine rein seröse Drüse, die ebenfalls durch den N. (intermedio)facialis innerviert wird. Wird der Ramus communicans zwischen dem N. zygomaticus und N. lacrimalis zerstört, vermindert sich die autonome Versorgung der Tränendrüse.

### Übrigens ...
Eine Sondierung des Ductus submandibularis erfolgt am besten am medialen Ende der Plica sublingualis an der Caruncula sublingualis.

### Merke!

- **Alle** bedeutenden Drüsen im Kopf- und Halsbereich innerviert der **N. intermediofacialis** (u. a. Tränendrüsen, Gaumendrüsen, Glandula sublingualis, Glandula submandibularis). Seine parasympathischen Fasern haben ihren Ursprung im Nucleus salivatorius superior.
- Die **Parotis** hingegen wird parasympathisch vom **N. glossopharyngeus** innerviert. Sein parasympathischer Hirnnervenkern ist der Nucleus salivatorius inferior.

## 4 Kopf- und Halseingeweide

### 4.6 Pharynx

Der Pharynx ist ein 12 bis 14 cm langer fibromuskulärer Schlauch, der mit Schleimhaut ausgekleidet ist und ein gemeinsames Stück des Speise- und Luftwegs darstellt. Begrenzt wird der Pharynx durch die Schädelbasis (über die Fascia pharyngobasilaris befestigt), die HWS, die Choanen, den Isthmus faucium, den Ösophagus und den Larynx.

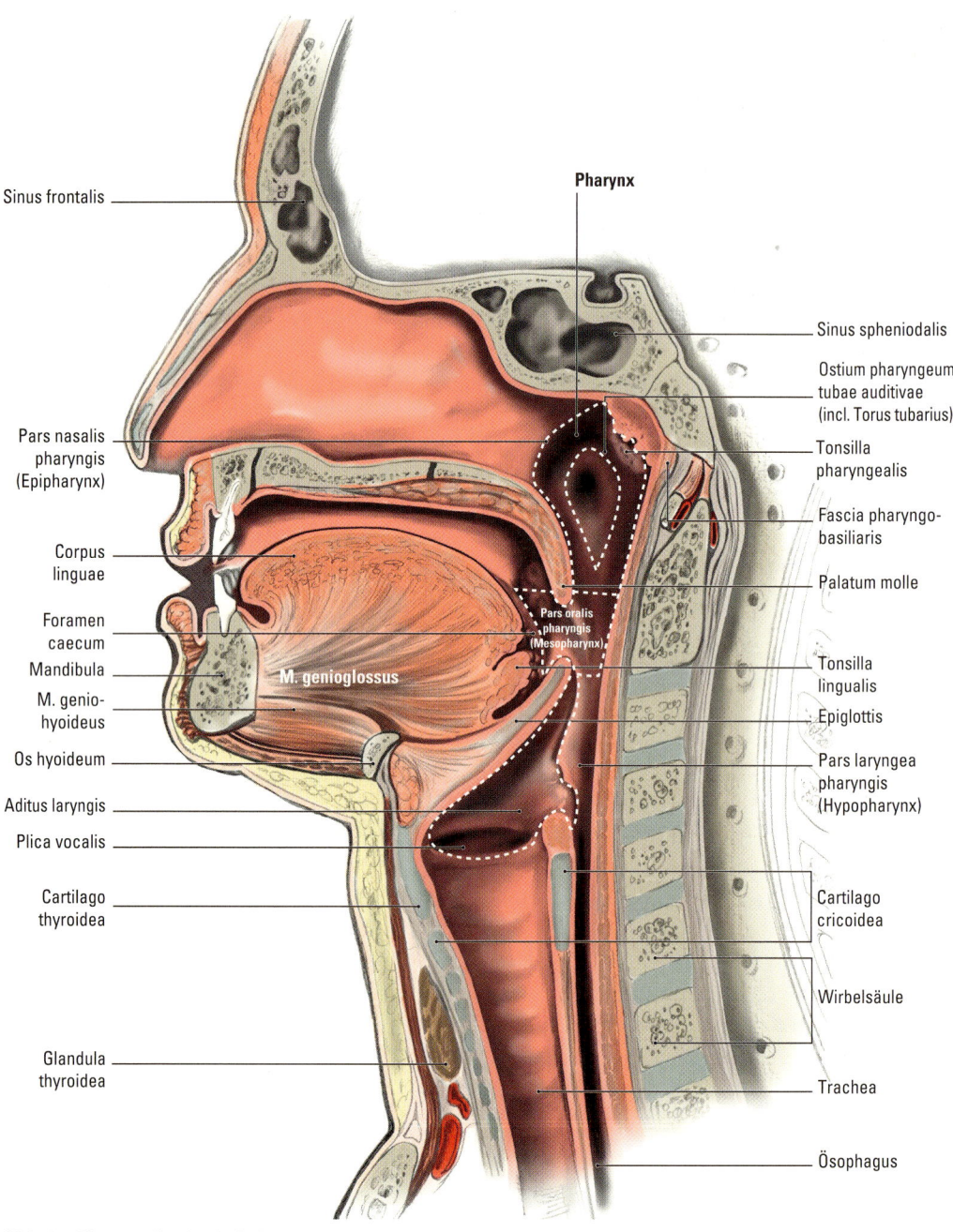

Abb. 23: Pharynx, Sagittalschnitt

## 4.6 Pharynx

Man unterscheidet folgende Etagen:
- Epipharynx = Pars nasalis pharyngis, mit
  - der Tonsilla pharyngea (im Dach/in der Hinterwand),
  - dem Ostium pharyngeum tubae auditivae,
  - dem Torus tubarius.
- Mesopharynx = Pars oralis pharyngis, mit
  - Tonsilla palatina und
  - Isthmus faucium.
- Hypopharynx = Pars laryngea pharyngis, von der Epiglottis bis zum Ösophagus.

Die Tuba auditiva besitzt Flimmerepithel mit Becherzellen, mündet in die Pars nasalis des Rachens und kann durch Kontraktion des M. tensor veli palatini geöffnet werden; sie hat in ihrem Verlauf enge topografische Beziehungen zum M. tensor tympani und zur A. carotis interna. Vor und unter dem Torus tubarius liegt der Torus levatorius. Das ist zwar eigentlich eher sehr

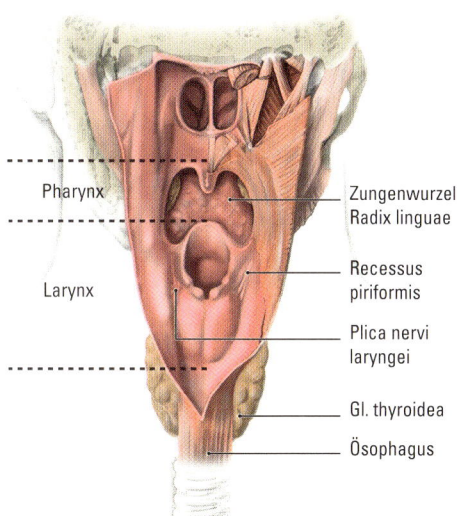

Abb. 25: **Recessus piriformis** *medi-learn.de/6-ana4-25*

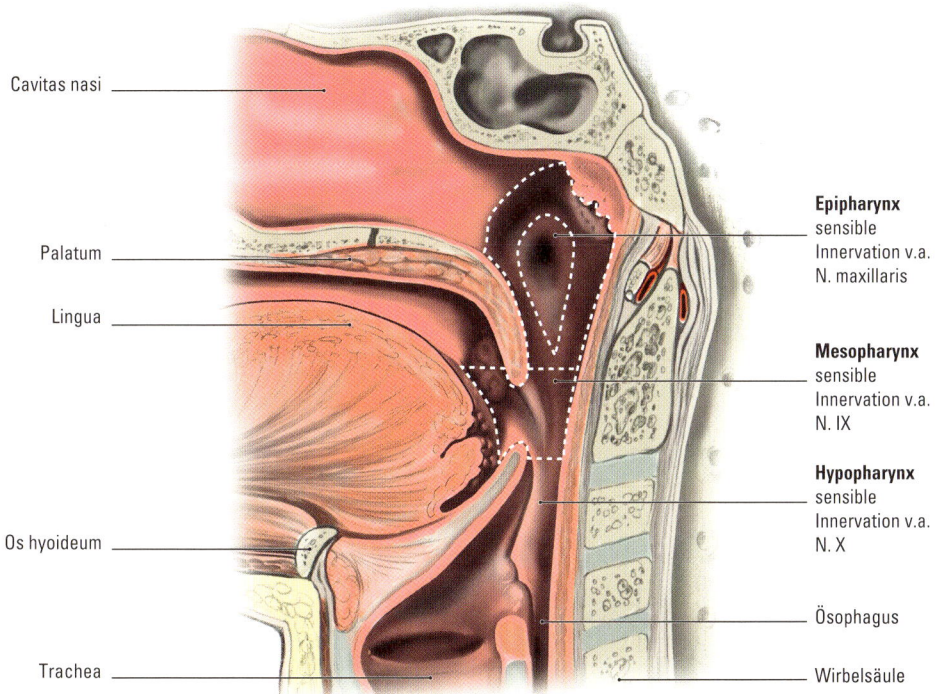

Abb. 24: **Sensible Innervation des Pharynx** *medi-learn.de/6-ana4-24*

# 4 Kopf- und Halseingeweide

unwichtig, wurde aber im Schriftlichen schon einmal als Richtigantwort abgefragt (s. Abb. 23, S. 28 und Abb. 24, S. 29). Der Recessus pharyngeus befindet sich unter der Fornix pharyngis. Der N. nasopalatinus versorgt sensibel die palatinale Gingiva im Bereich der oberen Incisivi.

Der Pharynx wird motorisch durch ein Nervengeflecht innerviert, das sich aus Fasern des N. glossopharyngeus und des N. vagus zusammensetzt. Hierdurch werden sowohl die drei Konstriktoren als auch die Levatoren des Pharynx versorgt. Die sensible Innervation erfolgt über den N. maxillaris, N. glossopharyngeus und N. vagus (s. Abb. 24, S. 29).

Eine weitere wichtige Struktur des Pharynx ist der **Recessus piriformis** (s. Abb. 25, S. 29). Hierbei handelt es sich um eine Schleimhauttasche rechts und links der Epiglottis des Larynx (Hypopharynx, in der Pars laryngea des Pharynx), in der sich die Plica laryngea mit dem N. laryngeus superior (R. internus) und der A. laryngea superior befinden.

## Schluckakt

Der Schluckakt gliedert sich in drei Phasen: die orale Vorbereitung, der pharyngeale Transport und die ösophageale Passage.

Nach Zerkleinerung und Durchmischung des Nahrungsbreis mit Speichel in der **oralen Phase**, wird die Zunge gegen das Palatum durum gedrückt und der Bolus mit einer nach dorsal gerichteten wellenförmigen Bewegung (unterstützt von M. styloglossus und M. hyoglossus) über das Isthmus faucium in den Pharynx geschoben.

Während der **pharyngealen Phase** werden obere und untere Atemwege abgedichtet, um eine Aspiration zu vermeiden. Die obere Abdichtung erfolgt durch die Muskeln des Gaumensegels (Musculus tensor veli palatini und Musculus levator veli palatini). Der obere Schlundschnürer (Musculus constrictor pharyngis superior, genauer dessen Pars pterygopharyngea) kontrahiert und bildet den sog. Passavant-Ringwulst, an den sich das Gaumensegel anlegt, sodass der Verschluss der oberen Luftwege nun komplett ist und keine

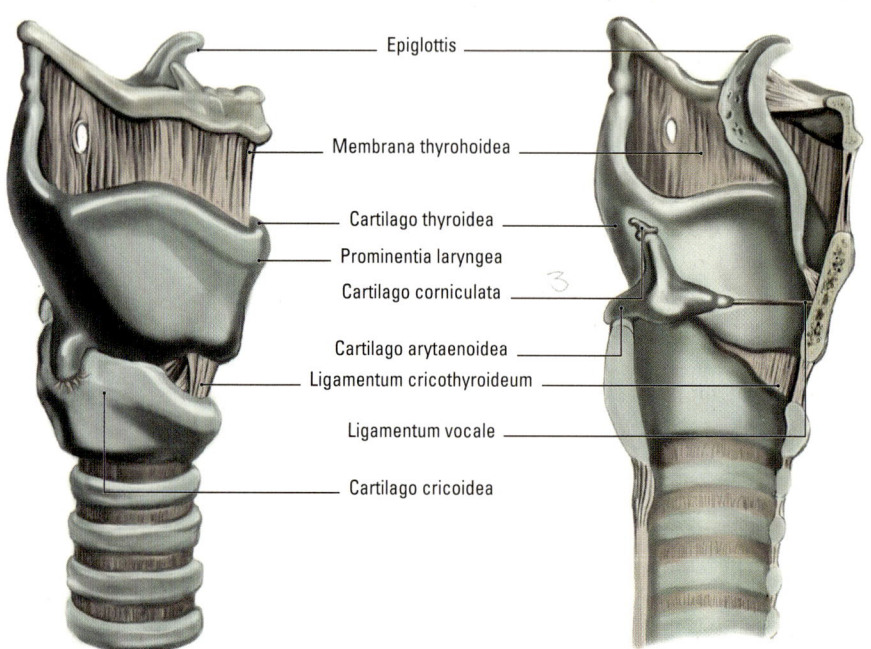

**Abb. 26: Larynx**

*medi-learn.de/6-ana4-26*

## 4.7 Larynx

```
                    Larynxmuskeln
                   /              \
      Stellmuskeln = mit „ary"    Spannmuskeln = ohne „ary"
         /         \                  /            \
M. cricoarytaenoideus  M. cricoarytaenoideus   M. vocalis    M. cricothyroideus
posterior              lateralis
(„Posticus")
                       M. thyroarytaenoideus
                       M. arytaenoideus obliquus
                       M. aryepiglotticus
       ↓
Stimmritzenöffner           Stimmritzenschließer
```

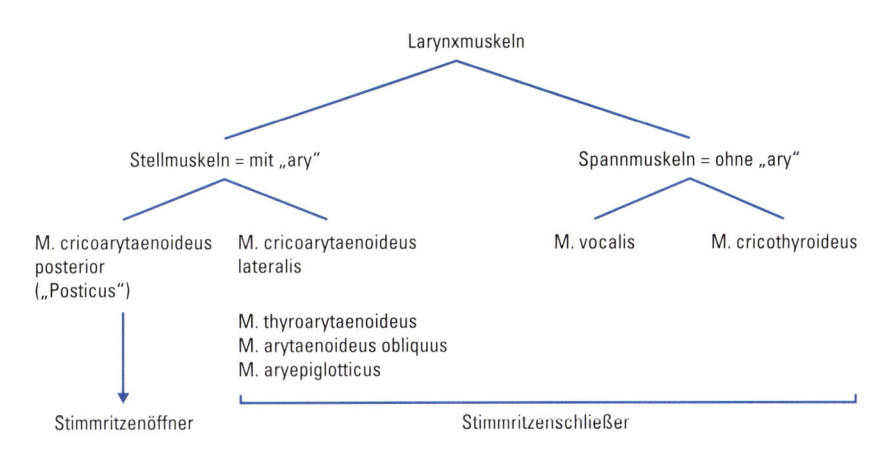

**Abb. 27: Übersicht Larynxmuskeln**

Nahrung mehr in die Nase gelangen kann. Nach Verschluss der Rima glottis senkt sich die Epiglottis, die Muskulatur des Mundbodens kontrahiert, Larynx und Os hyoideum heben sich und verschließen die unteren Atemwege. Durch Öffnung des oberen Ösophagussphinkters (Ösophagusmund) beginnt der Transport im Ösophagus, u.a. durch Kontraktion der Musculi constrictores pharyngis medius et inferior. Bei aufrechter Haltung rutscht der Bolus durch Speiseröhre zum Magen. Die Cardia des Magens öffnet sich, der Bolus gelangt in den Magen und der Schluckakt ist beendet.

### 4.7 Larynx

Der Larynx (Kehlkopf) stellt die Verbindung zwischen Pharynx (Rachen) und Trachea (Luftröhre) dar. Er dient der Stimmbildung und dem Verschluss der Luftwege während des Schluckakts. Gekennzeichnet ist er durch ein knorpeliges Skelett, in dem man folgende Knorpel (Cartilago) unterscheidet:
- Epiglottis (mit Vallecula epiglottica),
- Cartilago thyroidea,
- Cartilago corniculata,
- Cartilago arytaenoidea und
- Cartilago cricoidea.

Der Aditus laryngis wird durch die Epiglottis vom Zungengrund getrennt. Der Ventriculus laryngis ist eine seitliche Ausbuchtung der Cavitas laryngis zwischen Plica vestibularis und Plica vocalis. Die Cavitas infraglottica wird vom Conus elasticus begrenzt.

### 4.7.1 Larynxmuskeln

Die Larynxmuskeln lassen sich in zwei Gruppen einteilen:
- Die erste Gruppe umfasst alle Muskeln, in denen kein „ary" vorkommt, also den M. vocalis und den M. cricothyroideus. Diese Muskeln werden auch **Spannmuskeln** genannt.

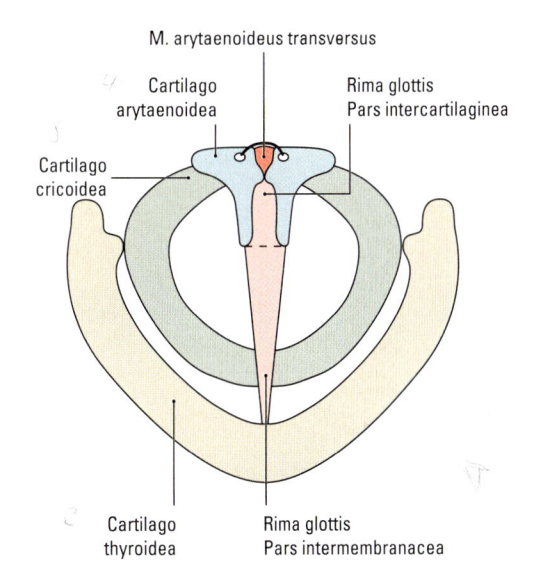

**Abb. 28: Anteile der Rima glottis**

# 4  Kopf- und Halseingeweide

– Die zweite Gruppe der Larynxmuskeln sind jene, in denen ein „ary" vorkommt, z. B. der M. cricoarytaenoideus posterior/lateralis, der M. thyroarytaenoideus, der M. arytaenoideus transversus/obliquus und der M. aryepiglotticus. Diese Muskeln werden auch **Stellmuskeln** genannt.

Innerhalb der zweiten Gruppe gibt es nur einen Muskel, der die Stimmritze (Rima glottis) öffnet; dies ist der als Posticus bezeichnete M. cricoarytaenoideus posterior, dessen zuständiger Hirnnervenkern für die motorische Versorgung der Nucleus ambiguus ist.

Die übrigen Larynxmuskeln verschließen die Rima glottis. Beim Totalverschluss der Stimmritze müssen unter anderem folgende Muskeln kontrahiert sein: Mm. arytaenoidei transversi et obliqui und Mm. cricoarytaenoidei laterales. Betrachtet man einen Horizontalschnitt des Larynx und der Rima glottis, so lassen sich zwei Anteile der Stimmritze unterscheiden (s. Abb. 28, S. 31):

– die Pars intercartilaginea und
– die Pars intermembranacea.

Der vordere Teil der Rima glottis (Pars intermembranacea) wird beiderseits von den Plicae vocales begrenzt und durch die bereits erwähnten Muskeln verschlossen. Ein Verschluss der Pars intercartilaginea der Stimmritze erfolgt durch Kontraktion des M. arytaenoideus trans-

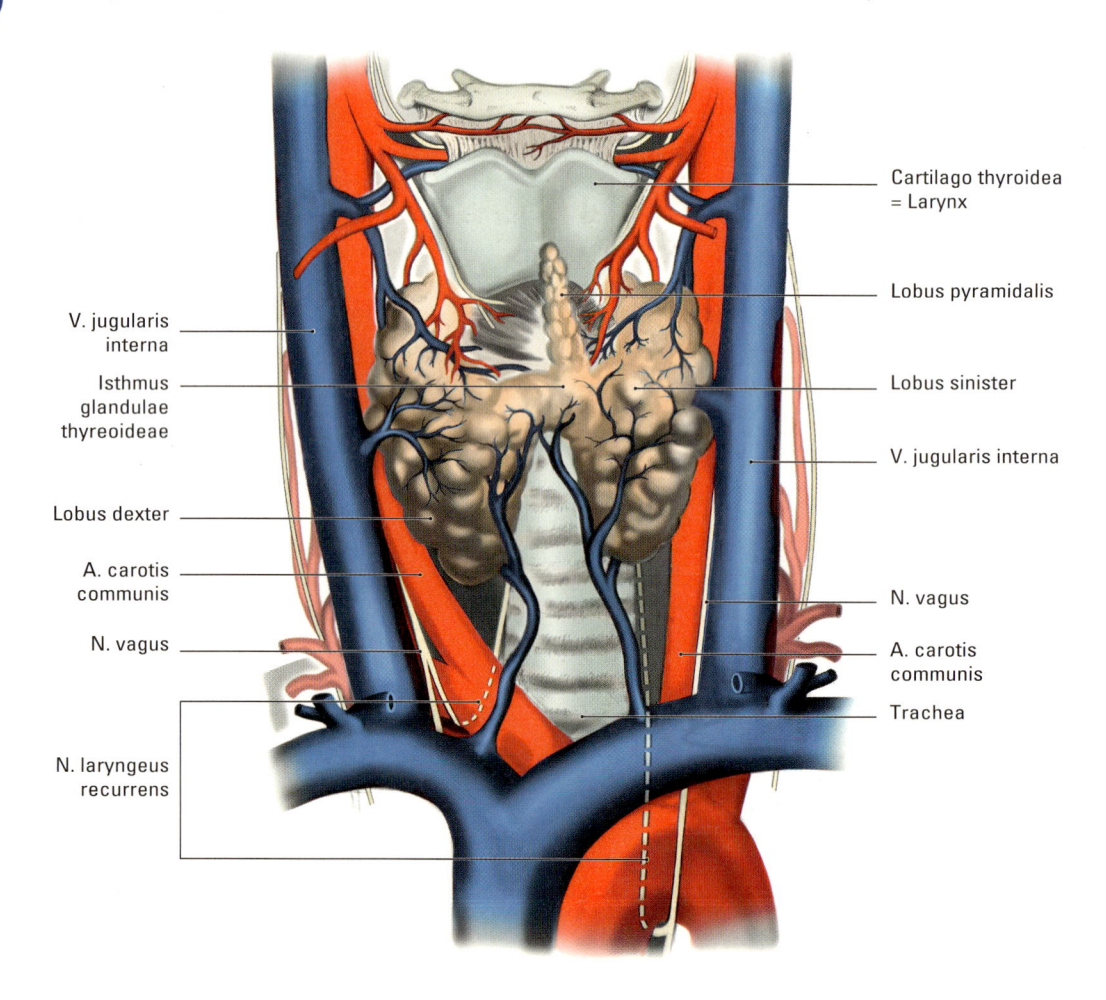

**Abb. 29: Glandula thyroidea (Topografie)**  medi-learn.de/6-ana4-29

versus. Bei Flüstersprache bleibt die Pars intercartilaginea jedoch geöffnet.

## 4.7.2 Innervation und Blutversorgung des Larynx

Der Larynx wird aus Ästen des zehnten Hirnnerven – dem **N. vagus** (N. laryngeus superior und inferior) – sensibel und motorisch innerviert. Hierbei übernimmt der **N. laryngeus superior** die sensible Innervation des supraglottischen Bereichs (Bereich oberhalb der Stimmritze) über einen Ramus internus und innerviert den **M. cricothyroideus** motorisch über den Ramus externus. Der **N. laryngeus inferior** (Recurrens) verläuft zunächst mit den restlichen Anteilen des N. vagus in den Thorax. Hier macht er links einen Bogen um die Aorta, rechts um die A. subclavia, bevor er zurück zum Larynx zieht und dort sensibel den infraglottischen Bereich und alle **restlichen inneren Kehlkopfmuskeln** (den M. cricoarytaenoideus lateralis, den M. cricoarytaenoideus posterior, den M. thyroarytaenoideus, den M. vocalis und den M. arytaenoideus transversus) motorisch innerviert.

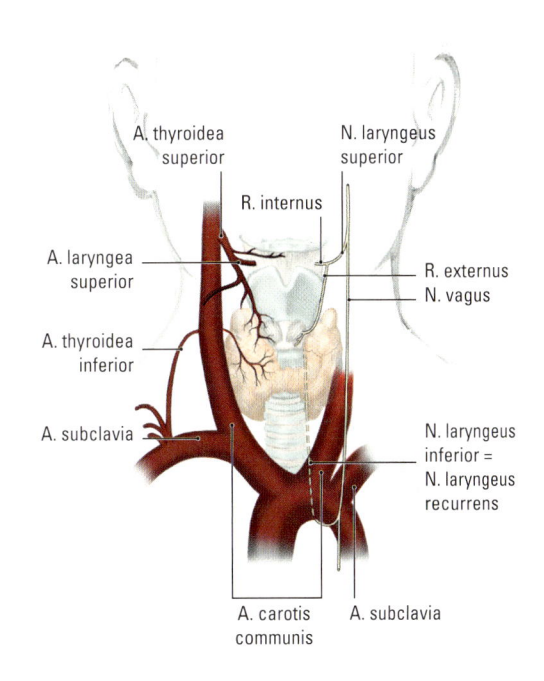

**Abb. 30: Arterien und Nerven der Glandula thyroidea**

*medi-learn.de/6-ana4-30*

### Merke!

Bei einer Schädigung des Nervus laryngeus inferior (Nervus laryngeus recurrens) klagt der Patient über Heiserkeit.

Arteriell versorgen zwei Gefäße den Larynx mit Blut: Die **A. laryngea superior** stammt aus der A. thyroidea superior, einem direkten Abgang der A. carotis externa, und übernimmt die Versorgung der kranialen Abschnitte des Larynx. Die arterielle Versorgung des kaudalen Abschnitts stellt die **A. laryngea inferior** sicher, die ihr Blut aus der A. thyroidea inferior, einem Ast des Truncus thyreocervicalis aus der A. subclavia, bezieht. Beide laryngealen Gefäße anastomosieren untereinander.

## DAS BRINGT PUNKTE

Aus diesem Kapitel sind Fragen zu den Begriffen **Innervation** und **Gefäßversorgung der Nase**, **Zungenpapillen** mitsamt Lage und Innervation, Mündungen der NNH in die Nasengänge, **Speicheldrüsen** und Innervation, **Pharynxinnervation und Einteilung**, **Larynx- und Muskelinnervation** häufig im Physikum anzutreffen. Du solltest dir daher unbedingt merken, dass

- die Nase im vorderen Bereich aus Ästen der A. carotis interna über die A. ophthalmica und ihre Äste versorgt wird, während der hintere Anteil sein Blut aus der A. maxillaris, einem Endast der A. carotis externa bezieht. Beide Blutströme anastomosieren in der Nasenhöhle.
- es auf der Zunge vier wichtige Papillenarten gibt, die vor allem der Geschmacks-, Mechano- und Thermorezeption dienen. Während die vorderen zwei Drittel der Zunge sensorisch durch den N. facialis versorgt werden, übernimmt der N. glossopharyngeus die Versorgung des hinteren Drittels.
- der Sinus frontalis, maxillaris und die Cellulae ethmoidales anteriores in den Meatus nasi medius münden, während die Cellulae ethmoidales posteriores in den oberen Nasengang führen. Der Sinus sphenoidalis besitzt als Besonderheit seinen eigenen Recessus (Recessus sphenoethmoidalis), in den er mündet.
- die Glandula submandibularis und sublingualis – wie alle Drüsen im Kopf- und Halsbereich – vom N. facialis versorgt werden, während die Parotis die einzige Drüse ist, die der N. glossopharyngeus innerviert.
- der Pharynx in drei Etagen eingeteilt wird; hierbei ist insbesondere der Epipharynx zu beachten, mit seiner Öffnung zur Ohrtrompete. Im Pharynx wirft die knorpelige Grundstruktur den Torus tubarius auf. Motorisch wird der Pharynx durch den N. IX und X versorgt, sensibel durch den N. V, IX und X.
- man beim Larynx Spann- von Stellmuskeln unterscheidet.
- der M. vocalis und M. cricothyroideus die einzigen Spannmuskeln sind und alle anderen (alle, in denen ein „ary" vorkommt) Stellmuskeln sind.

## FÜRS MÜNDLICHE

In der Mündlichen werden gerne folgende Fragen zum Kapitel „Kopf und Halseingeweide!" gestellt:

1. Wie ist die Nase aufgebaut?

2. Was wissen Sie zu den NNH?

3. Was können Sie zum Aufbau der Zunge, ihren Papillen und ihrer Innervation sagen?

4. Was können Sie über Speicheldrüsen, ihre Funktion, Lage, Ausführungsgänge und Mündungen in die Mundhöhle sowie über ihre Innervation sagen?

5. Was ist der Pharynx und wie ist er aufgebaut? Kann man Etagen unterscheiden? Wie wird er innerviert?

6. Was ist der Larynx? Was wissen Sie über das knorpelige Grundgerüst, die Rima glottis, Muskeln und die Innervation?

## FÜRS MÜNDLICHE

**1. Wie ist die Nase aufgebaut?**
Anteile, Conchae, Meatus, Mündungen der NNH, Innervation, Gefäße.

**2. Was wissen Sie zu den NNH?**
Es sind vier verschiedene luftgefüllte Räume um die Nasenhöhle liegend, Ausführungsgänge: Meatus nasalis superior für die Cellulae ethmoidales posteriores, der Meatus nasalis medius für die meisten NNH wie die Sinus frontalis/maxillaris/Cellulae ethmoidales anteriores, der Meatus nasalis inferior für den Ductus nasolacrimalis und der Recessus sphenoethmoidalis für den Sinus sphenoidalis.

**3. Was können Sie zum Aufbau der Zunge, ihren Papillen und ihrer Innervation sagen?**
Die Zunge ist ein muskuläres Organ, dessen Muskeln durch den N. hypoglossus innerviert werden. Sie besitzt Fasern in allen Ebenen des Raumes!
Man braucht die Zunge z. B. zum Reden, Kauen, Sprechen und Schmecken.
Für das Geschmacksorgan besitzt die Zunge Papillen, wo sich die Geschmacksrezeptoren befinden. Diese Papillen findet man vorwiegend auf den vorderen Anteilen der Zunge und es werden vier Arten unterschieden:
- die Papillae vallatae,
- die Papillae foliatae,
- die Papillae fungiformes und
- die Papillae filiformes.

Während die vorderen zwei Drittel vorwiegend sensorisch durch die Chorda tympani – einem Ast des N. facialis – innerviert sind, wird das hintere Drittel durch den N. glossopharyngeus versorgt.

**4. Was können Sie über Speicheldrüsen, ihre Funktion, Lage, Ausführungsgänge und Mündungen in die Mundhöhle sowie über ihre Innervation sagen?**
Drei besonders wichtige Speicheldrüsen im Kopf- und Halsbereich sind:
- Glandula parotis,
- Glandula submandibularis und
- Glandula sublingualis.

Die Parotis liegt präaurikulär und retromandibulär. Sie besitzt neben einer derben Faszie einen Ausführungsgang, den Ductus parotideus. Dieser verlässt die Drüse am Vorderrand und zieht mundwärts. Auf seinem Weg passiert der Ductus den Kaumuskel M. masseter lateral und durchbohrt den mimischen Muskel M. buccinator, bevor er im Vestibulum oris dem zweiten oberen Molaren gegenüber in die Mundhöhle mündet! Innerviert wird die Parotis – als Ausnahme unter den Drüsen im Kopf- und Halsbereich – vom N. glossopharyngeus, während alle übrigen vom N. facialis versorgt werden. Die Glandula submandibularis liegt c-förmig um den Hinterrand des Mundbodenmuskels M. mylohyoideus herum, während die Glandula sublingualis auf dem Muskel liegt. Beide werden durch den N. facialis innerviert.

**5. Was ist der Pharynx und wie ist er aufgebaut? Kann man Etagen unterscheiden? Wie wird er innerviert?**
Der Pharynx ist ein fibromuskulärer Schlauch als Verbindung von oberen und unteren Luft- und Verdauungswegen. Man unterscheidet drei Etagen:
- Epipharynx,
- Mesopharynx und
- Hypopharynx.

Die Muskeln werden in Schlundschnürer (M. constrictor pharyngis superior, medius und inferior) und Schlundheber (restliche Muskeln, in denen ein „pharyngeus" vorkommt) unterteilt. Sie werden aus Ästen des N. vagus und glossopharyngeus innerviert. Sensibel gibt es ebenfalls eine dreigeteilte Innervation durch den N. maxillaris, vagus und glossopharyngeus.

## FÜRS MÜNDLICHE

**6. Was ist der Larynx? Was wissen Sie über das knorpelige Grundgerüst, die Rima glottis, Muskeln und die Innervation?**

Der Larynx ist der Kehlkopf; er besitzt verschiedene Knorpel als Grundgerüst:
- die Epiglottis als Kehldeckel,
- den Cartilago thyroidea,
- den Cartilago cricoidea,
- den Cartilago arytaenoidea und
- den Cartilago corniculata.

Die Rima glottis ist die Stimmritze, die in die Pars intercartilaginea und Pars intermembranacea unterteilt wird.

Die Muskeln des Larynx werden in Spann- und Stellmuskeln eingeteilt und sind alle – außer dem M. cricothyroideus (N. laryngeus superior) – durch den N. laryngeus inferior (Recurrens) innerviert.

Der Larynx wird sehr gerne im Mündlichen gefragt. Am besten übst du die ihn betreffenden Fakten daher mehrmals und laut. (s. 4.7, S. 31).

Mehr Cartoons unter www.medi-learn.de/cartoons

# Pause

Und wenn du damit fertig bist,
hast du dir schon wieder eine kleine Pause verdient.

# 5 Hirn- und Halsnerven

Fragen in den letzten 10 Examen: 47

## 5.1 Hirnnerven

Die Hirnnerven sind ein Lieblingsthema der Prüfer in der Anatomie. Du solltest sie daher fürs Schriftliche gut lernen und vor allem vor dem Mündlichen nicht wieder vergessen.
Im schriftlichen Teil des Physikums tauchen einige Hirnnerven ganz besonders häufig auf, von denen auch immer wieder die gleichen Punkte gefragt werden (s. 5.1.3, S. 39). Kennst du diese Fakten, so kannst du dir wertvolle Punkte mit wenig Aufwand sichern. Daher hier also ganz besonders aufgepasst.

### 5.1.1 Nervus olfactorius (I. Hirnnerv)

Der Nervus olfactorius ist der erste Hirnnerv. Seine primären Sinneszellen befinden sich in Form bipolarer Ganglienzellen in der Regio olfactoria auf der Concha nasalis superior (obere Nasenmuschel). Diese senden ihre Axone als Filae olfactoriae durch die **Lamina cribrosa des Os ethmoidale** hindurch (zusammen mit der A. nasalis anterior und A./V./N. ethmoidalis anterior) in die vordere Schädelgrube, wo sie die Dura mater durchbrechen. Nach Umschaltung der Fasern im Bulbus olfactorius – einem Teil des Telencephalons – ziehen sie zum eigentlichen Riechzentrum im Gehirn. Beim vollständigen Ausfall des ersten Hirnnerven kommt es zur Anosmie; ein unvollständiger Ausfall führt zur Hyposmie.

### 5.1.2 Nervus opticus (II. Hirnnerv)

Der Nervus opticus ist ein Teil des Zwischenhirns (Diencephalon). Seine primären Sinneszellen liegen in der Retina im Stratum neuroepitheliale retinae als Stäbchen und Zapfen. Diese Sinneszellen ragen in eine Schicht aus Pigmentepithelzellen hinein (s. Abb. 33, S. 39).

Durch Phagozytose der Endabschnitte der Außenglieder der Stäbchen- und Zapfenzellen führen diese Epithelzellen zur Regeneration des Retinals.

Die von den Stäbchen und Zapfen wahrgenommenen Informationen werden über bipolare

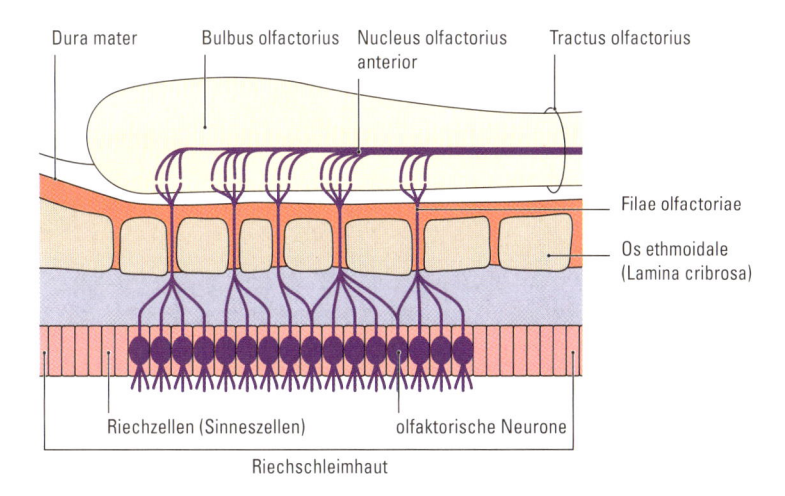

Abb. 31: Nervus olfactorius

*medi-learn.de/6-ana4-31*

# 5 Hirn- und Halsnerven

Ganglienzellen im Stratum ganglionare retinae auf multipolare Ganglienzellen im Stratum ganglionare nervi optici umgeschaltet und über den Nervus opticus weitergeleitet. Der verläuft innerhalb des Anulus tendineus communis der Augenmuskeln und ist von Dura mater umgeben. Der N. opticus enthält markhaltige Nervenfasern und Oligodendrozyten. In ihm verlaufen die Axone der Ganglienzellen der Retina. Hier befinden sich auch die ersten Myelinscheiden der Sehbahn. Die Orbita verlässt der zweite Hirnnerv durch den **Canalis opticus**, durch den **auch die A. ophthalmica** hindurchzieht.

Der Canalis opticus liegt in der Ala minor des Os sphenoidale (mittlere Schädelgrube).

Im Bereich der Sella turcica treffen die Nervi optici beider Seiten aufeinander und bilden das Chiasma opticum. Es liegt über dem Corpus ossis sphenoidalis, grenzt an den Hypophysenstiel und wird über die A. carotis interna versorgt. Das Chiasma opticum enthält u. a. die sich kreuzenden Fasern aus den nasalen Retinahälften, während die temporalen weiterhin ipsilateral fortlaufen. Über den Tractus opticus erreichen die Informationen dann das Corpus geniculatum laterale des Thalamus (hier liegen vorwiegend die Ursprungsperikarya der Radiatio optica), bevor sie über die Radiatia optica (Sehstrahlung) das Occipitalhirn erreichen.

Ein Ausfall der rechten Hälfte/eine Einschränkung des rechten Gesichtsfeldes tritt auf bei einer vollständigen Schädigung/Unterbrechung des linken Tractus opticus.

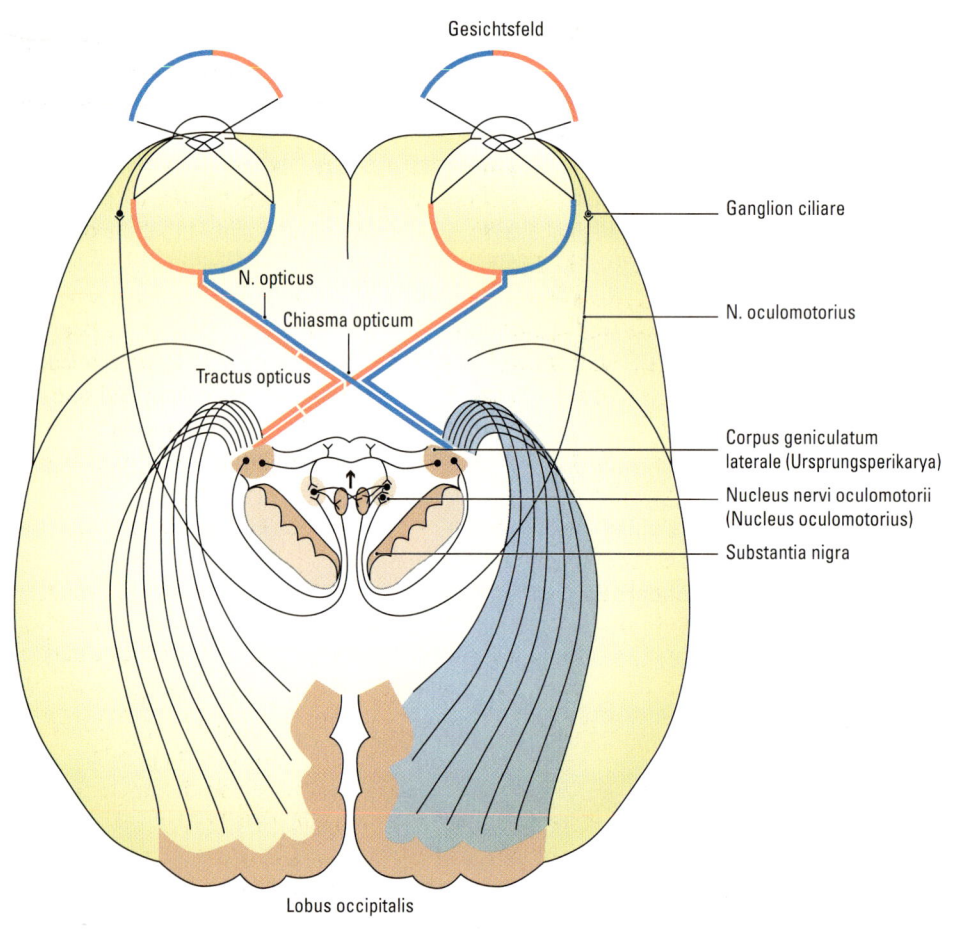

**Abb. 32: Sehbahn**

medi-learn.de/6-ana4-32

## 5.1.3 Nervus oculomotorius (III. Hirnnerv)

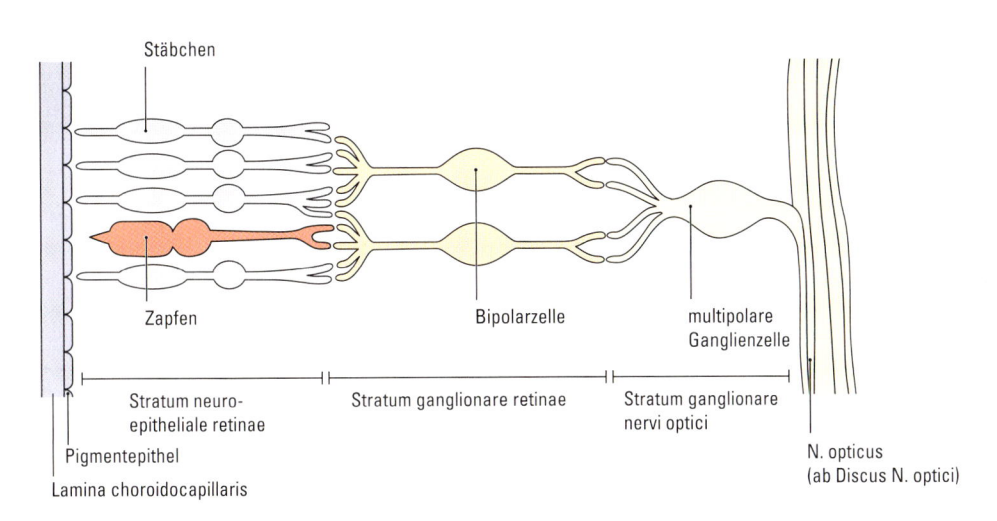

**Abb. 33: Nervus opticus, Beginn in der Retina**

*medi-learn.de/6-ana4-33*

Im visuellen System ist eine retinotope Gliederung nachweisbar im Nervus opticus, Tractus opticus, dem Corpus geniculatum laterale und der primären Sehrinde.

**Achtung:** Leider gibt es bei der Einordnung der Sinneszellen der Retina kontroverse Meinungen in der Fachliteratur.

Das IMPP hat vor Jahren die richtige Antwort „primäre" Sinneszellen gesucht. Das kann man begründen, wenn man den kleinen Fortsatz der Stäbchen und Zapfen als Axon bezeichnet und hinnimmt, dass diese kein Aktionspotenzial generieren, also keine „echten Nervenzellen" sind. Primäre Sinneszellen sind dadurch definiert, dass sie in der Lage sind ein Rezeptorpotenzial in ein Aktionspotenzial umzuwandeln. Andere Quellen bezeichnen Photorezeptoren in der Retina (Stäbchen und Zapfen) aber auch als sekundäre Sinneszellen. Diese sind spezialisierte Sinneszellen, die nur Signaltransduktion betreiben.

### 5.1.3 Nervus oculomotorius (III. Hirnnerv)

Die zwei Hirnnervenkerne des Nervus oculomotorius liegen im Mesencephalon. Neben dem rein somatomotorischen Nucleus nervi oculomotorii (Augenbewegung), gibt es noch den parasympathischen Nucleus oculomotorius accessorius (Edinger Westphal). Die Nuclei oculomotorii accessorii beider Seiten stehen mit den Nuclei praetectales (Area praetectalis) in Verbindung. Der Hirnnerv verlässt mitsamt seinen somatomotorischen und parasympathischen Fasern den Hirnstamm im Bereich der **Fossa interpeduncularis mesencephali**. Unmittelbar nach seinem Austritt aus dem Gehirn verläuft er in der Cisterna interpeduncularis durch den Sinus cavernosus und tritt durch die Fissura **o**rbitalis **sup**erior (Merkhilfe: „**Oh sup**er: **3,4,5¹,6** = gemeinsam mit dem N. trochlearis, dem N. ophthalmicus, dem N. abducens) in die Orbita ein. Bei seinem Durchtritt verläuft der N. oculomotorius in der mittleren Etage der Orbita. In der Orbita teilt er sich in zwei Rami (Äste) auf:
– den Ramus superior und
– den Ramus inferior.

Hierbei befindet er sich innerhalb des Anulus tendineus communis der Augenmuskeln. Über den Ramus superior und inferior innerviert er **motorisch fast alle Augenmuskeln** (M. rectus superior/inferior/medialis, M. obliquus inferior, M. levator palpebrae), **außer** dem M. rectus lateralis und dem M. obliquus superior.

Nach Durchtrennung des dritten Hirnnervens findet man u. a. Paresen des M. rectus medialis, des M. levator palpebrae superioris, des M. rectus superior, des M. rectus inferior und des M. obliquus inferior.

## 5 Hirn- und Halsnerven

**Übrigens ...**
- Ein herabhängendes Oberlid (Ptosis) kann durch eine Schädigung des Halssympathikus (Horner-Syndrom) oder des Nervus oculomotorius verursacht sein.
- Beim Horner-Syndrom entsteht die Ptosis am ehesten durch Lähmung des M. tarsalis superior.
- Beim Sinus-Cavernosus-Syndrom handelt es sich um eine Hirnnervenkompression mit neurologischen Ausfällen von Anteilen der Hirnnerven 3, 4, 5[1] und 6. Hierbei können u.a. eine Ptosis, Cephalgien, Mydriasis u. ä. auftreten.

**Abb. 34:** Augenmuskelinnervation durch die Hirnnerven III, IV, VI und Einfluss auf die Sehachse

*medi-learn.de/6-ana4-34*

Sehr gerne wird im Schriftlichen nach der Blickhebung- und Senkung gefragt. Daher jetzt bitte die Inputkanäle auf vollen Empfang stellen: Von den genannten Muskeln schwenken der M. rectus superior und der M. obliquus inferior (s. IMPP-Bild 3, S. 67) die Sehachse nach oben (Blickhebung), während der M. rectus inferior und der M. obliquus superior die Blickachse senken (Blicksenkung, s. Richtungspfeile in Abb. 34, S. 40). Neben seiner motorischen Innervation dienen die parasympathischen Fasern des N. oculomotorius der Steuerung von Akkomodation und Pupillenreflex. Die präganglionären **parasympathischen** Fasern des dritten Hirnnerven gelangen mit dem Nerven in die Orbita, wo sie im retrobulbär liegenden Ganglion ciliare auf postganglionäre parasympathische Fasern umgeschaltet werden. Anschließend gelangen sie als Nervi ciliares breves zum M. ciliaris und zum M. sphincter pupillae, wo sie für den Pupillenreflex (über den N. nasociliaris und die Nn. ciliares longi) und die Akkomodation sorgen (s. 6.1.1, S. 55).

Bei einer Nervenschädigung (u. a. durch Einklemmung des Uncus parahippocampalis im Tentoriumschlitz durch Druck) kommt es zu einer Fehlstellung des Bulbus oculi und zu einer Weitstellung der Pupille (fehlende Akkomodation). Daher ist bei Belichtung des kranken Auges eine konsensuelle Pupillenverengung des gegenüberliegenden gesunden Auges möglich. Wird jedoch das gesunde Auge belichtet, so zeigt das geschädigte Auge KEINE konsensuelle Pupillenverengung.

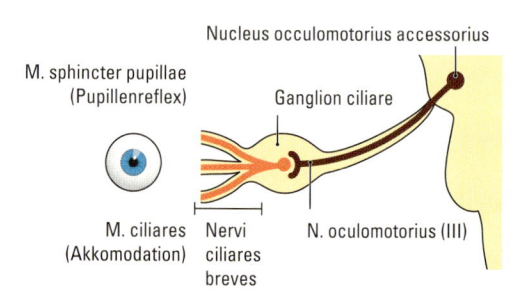

**Abb. 35:** Parasympathische Fasern des dritten Hirnnerven

*medi-learn.de/6-ana4-35*

### 5.1.4 Nervus trochlearis (IV. Hirnnerv)

Der vierte Hirnnerv hat rein somatomotorische Qualitäten und sein Hirnnervenkern – der Nucleus nervi trochlearis – ist im Mesencephalon lokalisiert. Der N. trochlearis ist der einzige Hirnnerv, der den Hirnstamm dorsal verlässt:

## 5.1.5 Nervus trigeminus (V. Hirnnerv)

Er tritt im Bereich der Vierhügelplatte – der Lamina tecti – aus und zieht u. a. durch die Cisterna ambiens. Anschließend verläuft er streckenweise in/an der Wand des Sinus cavernosus und schließlich mitsamt dem dritten, sechsten und einem Ast des fünften Hirnnerven (Merkhilfe: „Oh super: 3,4,5¹,6) sowie der V. ophthalmica superior durch die Fissura orbitalis superior in die Orbita. Dort innerviert er den M. obliquus superior, der das Auge nach auswärts unten rollt (Blicksenkung, s. Richtungspfeile in Abb. 34, S. 40).

### 5.1.5 Nervus trigeminus (V. Hirnnerv)

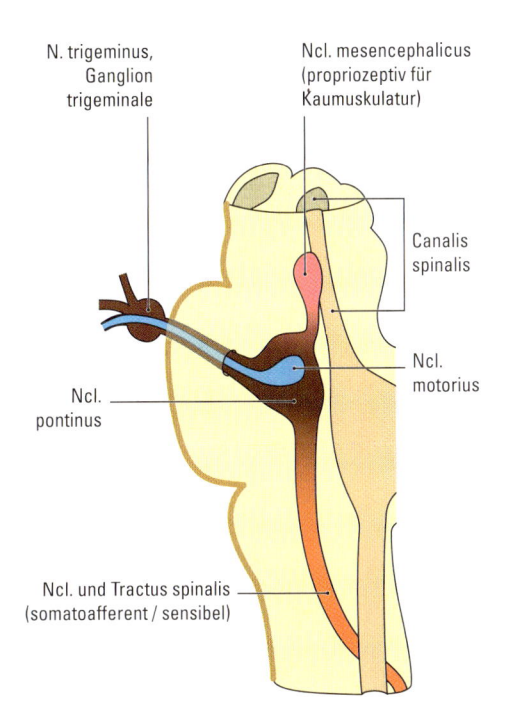

**Abb. 36: Kerne des N. trigeminus im Hirnstamm**
*medi-learn.de/6-ana4-36*

Der N. trigeminus ist der größte Hirnnerv und besitzt folglich viele Funktionen und entsprechend viele Kerne. In jedem Gebiet des Hirnstamms befindet sich ein Kern des fünften Hirnnerven, der passenderweise auch nach diesem Bereich benannt ist:
– Nucleus mesencephalicus (Tiefensensibilität),
– Nucleus pontinus (epikritische Sensibilität, z. B. Druck, Berührung, Vibration),
– Nucleus spinalis (Druck, Schmerzempfinden, Temperatur, u. a.) sowie zusätzlich der
– Nucleus motorius (motorische Fasern).

Als größter Hirnnerv verlässt der N. trigeminus den Hirnstamm auf der lateralen Seite des Pons (seitlicher Bereich der Brücke), zieht in das Ganglion trigeminale auf der Vorderfläche der Felsenbeinpyramide und teilt sich anschließend in seine drei Äste auf:
– Nervus ophthalmicus (V1)
– Nervus maxillaris (V2)
– Nervus mandibularis (V3)

### Nervus ophthalmicus (V1)

Der erste Ast des fünften Hirnnerven/seine Äste ziehen durch die Fissura **o**rbitalis **sup**erior (Merkhilfe: „Oh **sup**er: **3,4,5¹,6**) in die Orbita und zweigen sich dort auf. Seine Äste (N. nasociliaris, N. frontalis, N. lacrimalis) versorgen sensibel (somato-afferent) die oberen Nasennebenhöhlen und die Nasenscheidewand, die Cornea (Cornealreflex), den medialen Augenwinkel mit Haut und Konjunktiva, die Stirnhaut und das Oberlid (s. Abb. 37, S. 42). Ein Ast des N. ophthalmicus bzw. des N. frontalis ist der Nervus supraorbitalis, der im Bereich der Incisura supraorbitalis einen Trigeminusdruckpunkt bildet. Der Cornealreflex wurde in früheren Examina gerne abgefragt!

### Nervus maxillaris (V2)

Der N. **max**illaris ist der zweite Ast des fünften Hirnnerven und versorgt sensibel über Rami tentorii einen Teil der Meningen, bevor er durch das Foramen **rot**undum (Remember: „**rot**er **Max**") die Schädelbasis verlässt. In der Fossa pterygopalatina (Flügelgaumengrube) zweigt er sich dann in seine Äste auf (Nervi ganglionares und nach dem Ganglion: Nervi nasales/palatini, den N. infraorbitalis, den N. zygomaticus und den Rami alveolares sup., post., med. und ant.). Der N. maxillaris besitzt

# 5 Hirn- und Halsnerven

sensible Fasern zur Versorgung der Schleimhaut der Nasenmuscheln, der hinteren Siebbeinzellen (Cellulae ethmoidales posteriores), des Gaumens, der Nasenhöhle, der Wange, der Oberkieferzähne und des Oberkiefers sowie der Haut vom Unterlid bis zur Oberlippe, der Kieferhöhle und der vorderen Schläfenregion (s. Abb. 37, S. 42). Den zugehörigen Trigeminusdruckpunkt bildet der N. infraorbitalis im Foramen infraorbitale. Dieser N. infraorbitalis verläuft im Dach (obere Wand) der Kieferhöhle und wird von einer gleichnamigen Arterie begleitet. Äste von ihm verlaufen zu Zähnen des Oberkiefers und er versorgt die Gesichtshaut unterhalb des Auges.

**Nervus mandibularis (V3)**

Der dritte Ast des fünften Hirnnerven besitzt sowohl sensible als auch motorische Funktionen. Er zieht durch das Foramen **ovale** (Merkhilfe: „**ovale Mandel**") in die Fossa infratemporalis und versorgt motorisch die gesamte Kaumuskulatur, den Venter anterior des M. digastricus, den M. tensor veli palatini und den M. tensor tympani (gerne gefragt!) sowie den Mundbodenmuskel M. mylohyoideus.

Eine Lähmung der Radix motoria des N. trigeminus betrifft u. a. den M. masseter, den M. temporalis, den M. mylohyoideus und den Venter anterior des M. digastricus. Klagt ein Patient z. B. über Motilitätsstörungen im Bereich des Kiefergelenks und des Kauapparats und fühlt sich nicht so sehr beim Kauen selbst, als vielmehr beim Sprechen und Singen behindert, kann es sich um eine Störung des propriozeptiven Systems der Kaumuskulatur handeln.

Die Perikaryen der Neurone des Trigeminussystems, die die Kaumuskulatur innervieren, befinden sich im ipsilateralen Nucleus motorius nervi trigemini. Die Zellkörper propriozeptiver Afferenzen aus der Kaumuskulatur findet man im Nucleus mesencephalicus nervi trigemini.

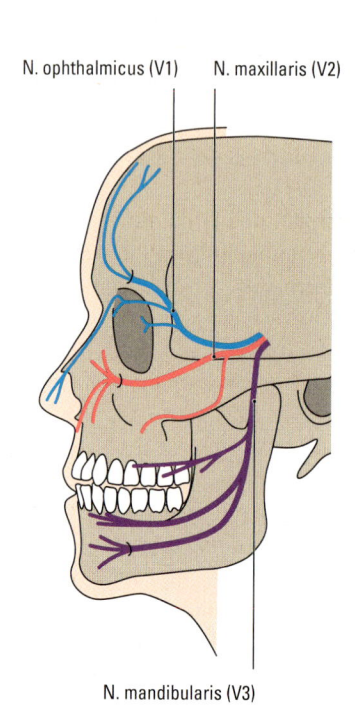

Abb. 37: Äste des N. trigeminus

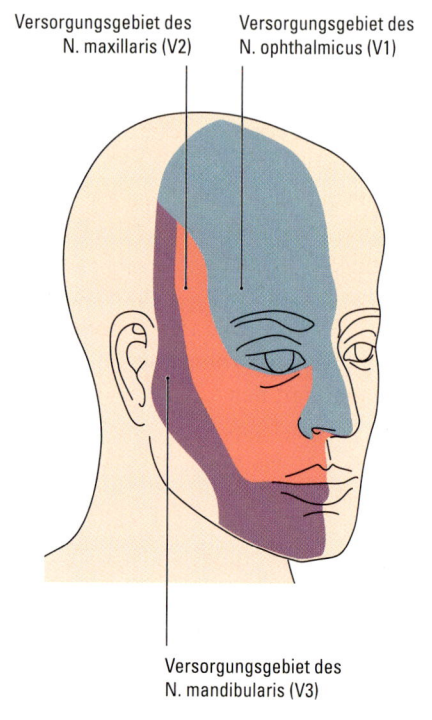

medi-learn.de/6-ana4-37

> **Übrigens ...**
> Eine Alkoholinjektion in das Ganglion trigeminale kann über das Foramen ovale (durch das der N. mandibularis, V3, tritt) zur Behandlung einer Trigeminusneuralgie vorgenommen werden.

Sensibel versorgt der N. mandibularis den restlichen Bereich des Gesichts: Neben dem Bereich des Kiefergelenks sind dies Teile der **Hirnhäute**, des Ohrs (Ohrmuschel, Trommelfell), der **Unterkiefer mitsamt Unterkieferzähnen**, die vorderen zwei Drittel der Zunge und der Wange, die Schleimhaut der Mundhöhle und ein Teil der Gingiva (s. Abb. 37, S. 42). Der zugehörige Trigeminusdruckpunkt ist der N. mentalis im gleichnamigen Foramen.

> **Übrigens ...**
> Bei einer ordnungsgemäß durchgeführten Leitungsanästhesie des N. alveolaris inferior rechts am Foramen mandibulae erlischt typischerweise die Berührungsempfindlichkeit der Unterlippenhaut auf der rechten Seite.

## 5.1.6 Nervus abducens (VI. Hirnnerv)

Der rein somatomotorische Hirnnervenkern des sechsten Hirnnerven befindet sich in dem Pons (Nucleus nervi abducentis). Der Nerv verlässt den Hirnstamm zwischen dem Pons und den Pyramiden und tritt dann durch die Fissura orbitalis superior in die Orbita ein (Merkhilfe: „**Oh sup**er: **3,4,5¹,6**"). Dort verläuft er innerhalb des Anulus tendineus communis der Augenmuskeln und innerviert den M. rectus lateralis (s. Abb. 34, S. 40). Dreht ein Patient den Kopf bei Schädigung des Hirnnerven zur erkrankten Seite, so verringert sich die Doppelbildwahrnehmung.
Der N. abducens zieht mitten durch den Sinus cavernosus und läuft daher – z. B. bei einer eitrigen Thrombophlebitis im Sinus cavernosus – Gefahr, geschädigt zu werden.

## 5.1.7 Nervus (intermedio) facialis (VII. Hirnnerv)

Der siebte Hirnnerv ist zugleich der zweite Kiemenbogennerv. Er umfasst den eigentlichen Nervus facialis als motorischen Anteil und den Nervus intermedius, in dem sensible und parasympathische Fasern verlaufen.
Das Kerngebiet des Nervus (intermedio) facialis liegt in dem Pons und beinhaltet drei wichtige Kerne:
- als somatomotorischen Kern den Nucleus nervi facialis,
- den Nucleus salivatorius superior als parasympathischen Kern und
- den Nucleus solitarius (sensorisch = speziell viscerosensibel = Geschmackskern) als Einmündungsgebiet der viscerosensiblen Fasern aus den vorderen zwei Drittel der Zunge über die Chorda tympani.

Daneben ist der Nervus (intermedio)facialis an der peripheren Geschmacksleitung beteiligt und führt über die Chorda tympani sensorische Fasern von den Geschmacksrezeptoren der Zunge. Die Chorda tympani führt zudem parasympathische Fasern und ist in ihrer Verlaufsstrecke durch die Paukenhöhle von Mucosa überzogen. Sie legt sich von hinten her dem N. lingualis an und verläuft durch die Fossa infratemporalis.
Im Bereich des Pons verläuft der siebte Hirnnerv um Anteile des Nucleus nervi abducentis herum und bildet das **innere Fazialisknie**, bevor er den Hirnstamm im Kleinhirnbrückenwinkel verlässt. Das **äußere Fazialisknie** befindet sich im Canalis facialis ossis petrosi. Nachdem der Nerv den Hirnstamm verlassen hat, verläuft er im Porus/Meatus acusticus internus (zusammen mit dem VIII. Hirnnerven und der A./V. labyrinthi), bis er durch das Foramen stylomastoideum die Schädelbasis verlässt und dann retromandibulär zieht. Somatomotorisch versorgt der Nervus facialis die gesamte Gesichtsmuskulatur (mimische Muskeln, s. 3.1, S. 10 und Abb. 5, S. 10). Außerdem ist er zuständig für die motorische Innervation der beiden suprahyalen Zungenbeinmuskeln (s. 3.3,

# 5 Hirn- und Halsnerven

S. 12 und Abb. 7, S. 12), des Venter posterior des Musculus digastricus und des M. stylohyoideus sowie des Ohrmuskels M. stapedius. Bei einem Ausfall des Nervus facialis kann der Patient das Auge nicht mehr richtig schließen. Der fehlende Lidschlag und das ständig geöffnete Auge führen zur Schädigung der Cornea durch Austrocknung. Ein weiteres Zuständigkeitsgebiet des N. (intermedio)facialis im Kopf- und Halsbereich ist die parasympathische Innervation der meisten Drüsen. So werden die Glandulae lacrimales und die Gaumen-, Nasen- und Nasennebenhöhlendrüsen (Drüsen im oberen Anteil des Gesichts) über das Ganglion pterygopalatinum (s. 6.1.2, S. 56) versorgt. Hier erfolgt die Umschaltung der präganglionären parasympathischen Fasern, die mit dem N. petrosus major verlaufen, auf postganglionäre parasympathische Fasern. Die parasympathischen Fasern, die die Drüsen des unteren Anteils des Gesichts, wie die Glandula submandibularis, die Glandula sublingualis und die Glandulae linguales innervieren, werden dagegen im Ganglion submandibulare verschaltet. Hier erfolgt die Umschaltung der präganglionären parasympathischen Fasern, die mit der Chorda tympani verlaufen, auf die postganglionären parasympathischen Fasern. Die Chorda tympani dient zudem der sensorischen Versorgung der vorderen zwei Drittel der Zunge (Geschmacksknospen des Zungenrückens). Beim Ausfall des N. facialis kann es zu Fazialisparesen kommen. Hierbei unterscheidet man die periphere von der zentralen Facialisparese. Bei der zentralen Fazialisparese sind kortikonukleäre Fasern unterbrochen. Bei einer einseitigen, zentralen Fazialisparese hängt der kontralaterale Mundwinkel herab und es kommt zur Lähmung des kontralateralen M. buccinator; die zentrale Lähmung spart die Stirnmuskulatur aus (s. Abb. 38, S. 44).

Bei einer peripheren Fazialislähmung fallen – je nach Höhe der Schädigung – mehr oder weniger Funktionen aus (s. Abb. 40, S. 45):

– Eine Hyperakusis ist bei einer Schädigung des N. facialis unmittelbar peripher des Ganglion geniculi zu erwarten.
– Ein Patient mit Schädelbasisbruch, bei dem es direkt oder durch den Druck des entstehenden Hämatoms zu einer Schädigung des N. facialis kurz vor dem Austritt aus dem Foramen stylomastoideum kommt, leidet un-

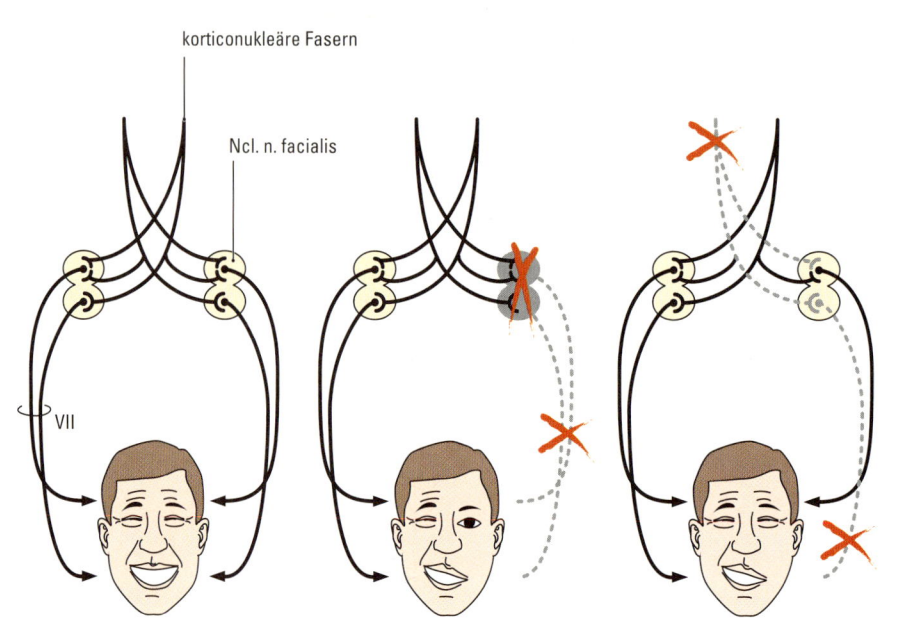

**Abb. 38: Fazialisparesen**

medi-learn.de/6-ana4-38

## 5.1.7 Nervus (intermedio) facialis (VII. Hirnnerv)

ter einer schlaffen linken Gesichtshälfte und auf der gleichen Seite unter einer gestörten Geschmacksempfindung auf der vorderen Zungenhälfte, während das Hörempfinden und die Tränenproduktion unvermindert sind (s. Abb. 39, S. 45 und s. Abb. 40, S. 45).

Der M. buccinator ist ein mimischer Muskel, der sich nach dorsal im Regelfall über Zwischenschaltung der Raphe buccopharyngea (Raphe pterygomandibularis) in den M. constrictor pharyngis superior fortsetzt. Zudem steht er ventral mit dem M. orbicularis oris in Verbindung, wird vom N. facialis motorisch innerviert und vom Ductus parotideus durchbohrt. Wie bereits bei den mimischen Muskeln (s. 3.1, S. 10) erwähnt, wird im Schriftlichen die Innervation des M. buccinator und sein Bezug zum Ductus parotideus sehr gerne gefragt; in den letzten Physikums-Prüfungen kamen noch Fragen zum M. orbicularis oculi hinzu. Daher bitte besonders daran denken, dass diese beiden mimischen Muskeln – wie alle übrigen auch – vom N. facialis innerviert werden.

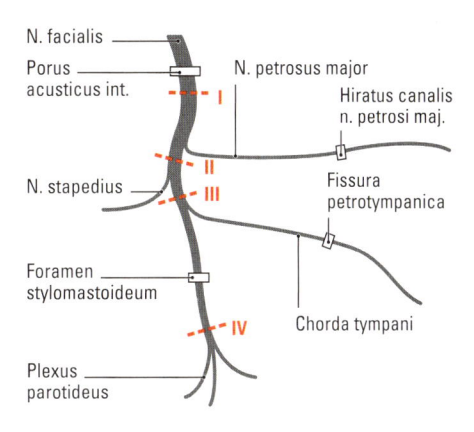

| Ort der Schädigung | I | II | III | IV |
|---|---|---|---|---|
| Symptome | | | | |
| Gestörte Tränensekretion | + | – | – | – |
| Hyperakusis | + | + | – | – |
| Geschmacksstörung | + | + | + | – |
| Schlaffe Lähmung der mimischen Muskulatur | + | + | + | + |

**Abb. 40: Potenzielle Funktionsausfälle bei einer peripheren Facialisparese**

*medi-learn.de/6-ana4-40*

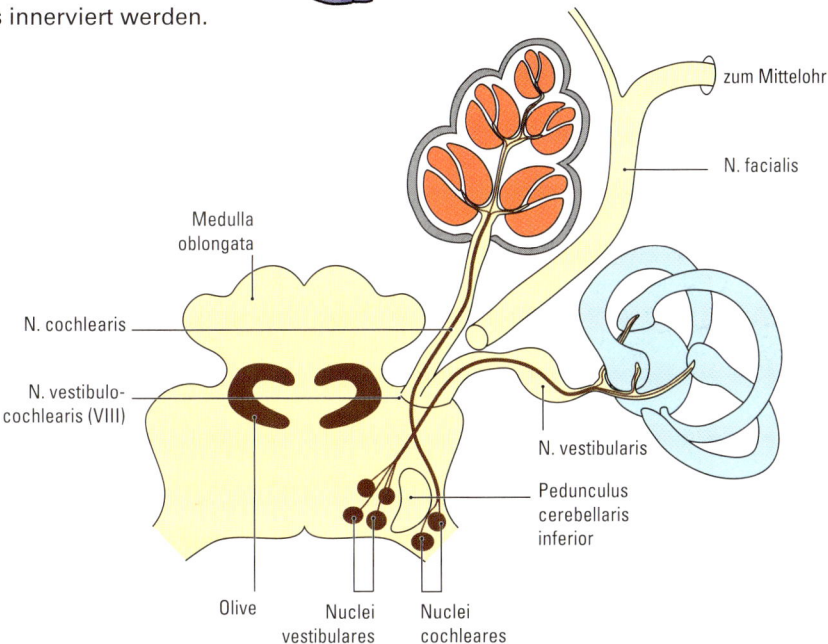

**Abb. 39: Nervus vestibulocochlearis**

*medi-learn.de/6-ana4-39*

## 5.1.8 Nervus vestibulocochlearis (VIII. Hirnnerv)

Das Kerngebiet des achten Hirnnerven liegt in der Medulla oblongata mit zwei Nuclei cochleares und vier Nuclei vestibulares.
Nach seinem Verlauf durch den **Porus acusticus internus** (gemeinsam mit dem N. VII und der A./V. labyrinthi) tritt der N. vestibulocochlearis unterhalb dem Pons und lateral der Olive ins Gehirn ein.
Seine Funktionen sind das Hören und das Gleichgewichtsempfinden.

## 5.1.9 Nervus glossopharyngeus (IX. Hirnnerv)

Das Kerngebiet des neunten Hirnnerven liegt in der Medulla oblongata.
Hier lassen sich vier Kerne unterscheiden:
- Als rein somatomotorischen Kern teilt sich der neunte Hirnnerv den **Nucleus ambiguus** mit dem zehnten und elften Hirnnerven (sehr, sehr häufig gefragt; somatomotorisch = speziell visceroefferent = branchiomotorisch).
- Zudem existiert der **Nucleus spinalis nervi trigemini**, in dem somatosensible Fasern aus Ohr und Rachen enden.
- Der **Nucleus salivatorius inferior** dient der parasympathischen Innervation der Parotis und
- der **Nucleus solitarius**, in dem sensorische Fasern des hinteren Drittels der Zunge enden.

Von den einzelnen Kernen ausgehend verbünden sich die Fasern zum eigentlichen N. glossopharyngeus. Dieser verlässt den Hirnstamm unterhalb dem Pons im Sulcus lateralis posterior und zieht (zusammen mit N. X und XI) durch das Foramen jugulare. Im weiteren Verlauf zieht er zusammen mit dem X., XI. und XII. Hirnnerven durch das Spatium latero-/parapharyngeum. Zu den Funktionen des neunten Hirnnerven gehören:
- **Somatomotorische Innervation** der Pharynxmuskulatur (Schlund-/Rachenmuskulatur) und Innervation des M. levator veli palatini.
- Ausgehend vom Nucleus spinalis nervi trigemini: **sensible Versorgung** von Anteilen des Ohrs und Rachens, so z. B. des Mittelohrs (Paukenhöhle), des inneren Trommelfells und der Tuba auditiva, der Gaumenmandel, Teilen der Zunge und der Pars oralis pharyngis.
- **Viscerosensible Versorgung** des Glomus caroticum und der Pressorezeptoren im Sinus caroticum. Im N. glossopharyngeus verlaufen daher chemorezeptive Afferenzen des Glomus caroticum zum Nucleus solitarius.
- **Sensorische Versorgung** des hinteren Drittels der Zunge. Somit ist der N. glossopharyngeus an der peripheren Geschmacksleitung beteiligt. Zudem versorgt er die Glandula parotidea über das Ganglion oticum mit parasympathischen Fasern.

## 5.1.10 Nervus vagus (X. Hirnnerv)

Die Kerne des zehnten Hirnnervs liegen ebenfalls in der Medulla oblongata. Zusammen mit dem Nervus glossopharyngeus besitzt er als somatomotorischen Kern den **Nucleus ambiguus** (sehr, sehr häufig gefragt; somatomotorisch = speziell visceroefferent = branchiomotorisch) und als sensorischen Kern den Nucleus solitarius. Der Nervus vagus ist somit ebenfalls an der peripheren Geschmacksleitung beteiligt. Seine parasympathischen Fasern haben ihren Ursprung im Nucleus dorsalis nervi vagi. Der Vagus tritt unterhalb dem Pons hinter der Olive aus dem Hirnstamm aus und verläuft im Sulcus lateralis posterior, bevor er durch das Foramen jugulare die Schädelbasis verlässt. Hier besitzt er ein Ganglion superius und inferius (nodosum). Die Ganglien sind aus pseudounipolaren Nervenzellen aufgebaut. Weiter zieht der Nerv im Spatium latero-/parapharyngeum zusammen mit dem IX., XI. und XII. Hirnnerven und liegt daher auch mit der A. carotis interna und der V. jugularis interna, die ebenfalls im Spatium latero-/parapharyngeum verlau-

## 5.1.10 Nervus vagus (X. Hirnnerv)

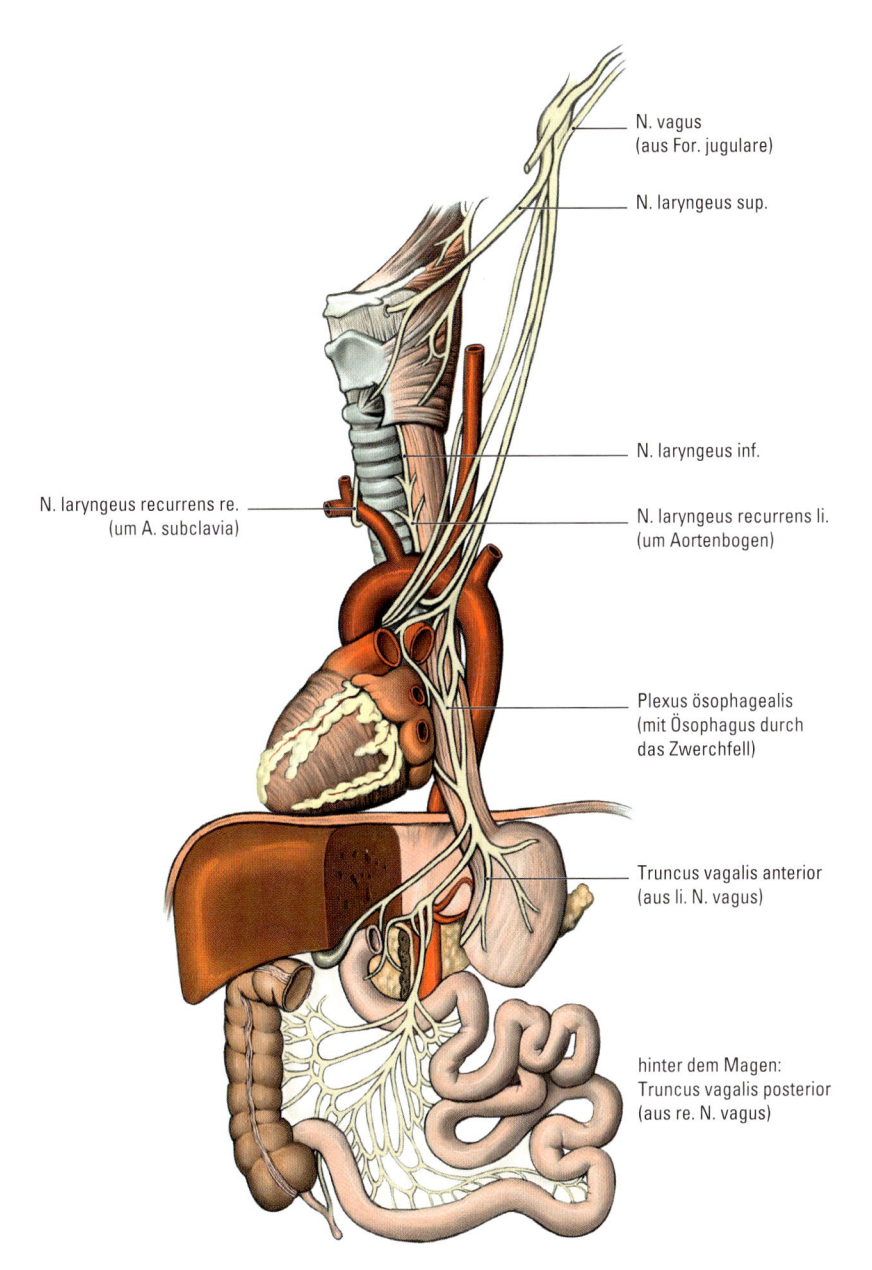

**Abb. 41: Verlauf des Nervus vagus**

*medi-learn.de/6-ana4-41*

fen, in einer gemeinsamen Bindegewebsscheide. Im **Kopf- und Halsbereich** gibt der Nervus vagus den Nervus laryngeus superior und inferior (Recurrens) ab, die vornehmlich der Innervation des Larynx dienen (s. 4.7.2, S. 33 und Abb. 30, S. 33 sowie Abb. 29, S. 32). Der Nervus laryngeus superior bildet sich im 4. Branchialbogen (Kiemenbogen) und versorgt am Larynx den M. cricothyroideus (äußerer Spanner des Stimmbandes), den Aditus laryngis und die supraglottische Schleimhaut. Der N. laryngeus inferior (Recurrens) verläuft zunächst mit dem restlichen N. vagus in den **Thorax** – hier macht er links einen Bogen um die Aorta, rechts um die A. subclavia, bevor er zurück zum Larynx zieht und dort sensibel den infraglottischen Bereich und alle restlichen inneren Kehlkopfmuskeln motorisch innerviert. Der N. Vagus zieht zunächst Richtung Thorax: links befindet er sich in der Ösophago-Trachealrinne, während er rechts lateral der Trachea dorsal des Lungenhilums in wechselnder Lagebeziehung zur A. thyroidea inferior verläuft.

> **Übrigens ...**
> Bei Aneurysmen im Bereich des Aortenbogens oder nach Schilddrüsenoperationen kann es zu Schädigungen des Recurrens kommen. Die Patienten klagen dann über Heiserkeit.

Auch zur Versorgung der Meningen der hinteren Schädelgrube, des Gehörgangs und des Pharynx (mit Uvula) gibt der N. vagus einzelne Äste ab. Berührt man den äußeren Gehörgang (Meatus acusticus externus), kann es durch die Reizung des R. auricularis n. vagi zu Husten und Erbrechen kommen. Im Thoraxbereich versorgt er Herz (gibt Vagus-Fasern an den Plexus cardiacus ab und führt so zu einer Bradykardie aufgrund der Beeinflussung des Sinusknotens), Trachea und Ösophagus mit Rami, die im hinteren Mediastinum verlaufen. Anschließend passiert er gemeinsam mit dem Ösophagus als Truncus vagalis anterior und posterior und dem linken N. phrenicus im Hiatus oesophageus das Zwerchfell. Im Abdomen angekommen, versorgt er parasympathisch und sensibel alle Bauchorgane bis zum Cannon-Boehm-Punkt an der linken Kolonflexur.

### 5.1.11 Nervus accessorius (XI. Hirnnerv)

Der Nervus accessorius ist kein echter Hirnnerv, sondern eigentlich eine motorische Abspaltung des Nervus vagus. Seine Kerne befinden sich im Bereich der Medulla oblongata. Neben der Radix spinalis nervi accessorii aus den oberen zervikalen Segmenten hat er noch eine Radix cranialis mit dem **Nucleus ambiguus** als Ausgangspunkt. Sein Hirnaustritt erfolgt unterhalb dem Pons im Sulcus lateralis posterior bis C6. Die Radix spinalis zieht dann zunächst durch das Foramen magnum in die Schädelhöhle hinein, wo sie sich mit der Radix cranialis zum eigentlichen Nervus accessorius verbindet. Dieser verlässt die Schädelhöhle durch das Foramen jugulare, um sich um die somatomotorische Innervation des M. trapezius und des M. sternocleidomastoideus zu kümmern. Bei Verkürzung des rechten Musculus sternocleidomastoideus neigt der Patient den Kopf zur rechten Seite bei gleichzeitiger Kopfdrehung zur linken Seite.

In seinem Verlauf findet man ihn im Spatium latero-/parapharyngeum, wo er zusammen mit dem IX., X., und XII. Hirnnerven verläuft. Beim Funktionsausfall des XI. Hirnnerven kann der Betroffene oft den Arm nicht über die Horizontale heben und daher auch seine Haare nicht kämmen (so wird das immer wieder gerne im Schriftlichen gefragt ...). Eine Verletzung des N. accessorius tritt vor allem nach Operationen im **Trigonum colli laterale (laterales Halsdreieck)** auf. In dieser Regio colli lateralis (Regio cervicalis lateralis) liegen zudem Äste des Plexus cervicalis, der N. occipitalis minor und die A. subclavia.

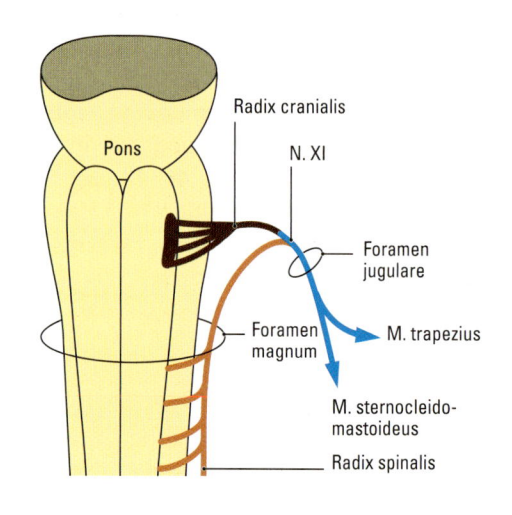

**Abb. 42: Nervus accessorius** *medi-learn.de/6-ana4-42*

## 5.1.12 Nervus hypoglossus (XII. Hirnnerv)

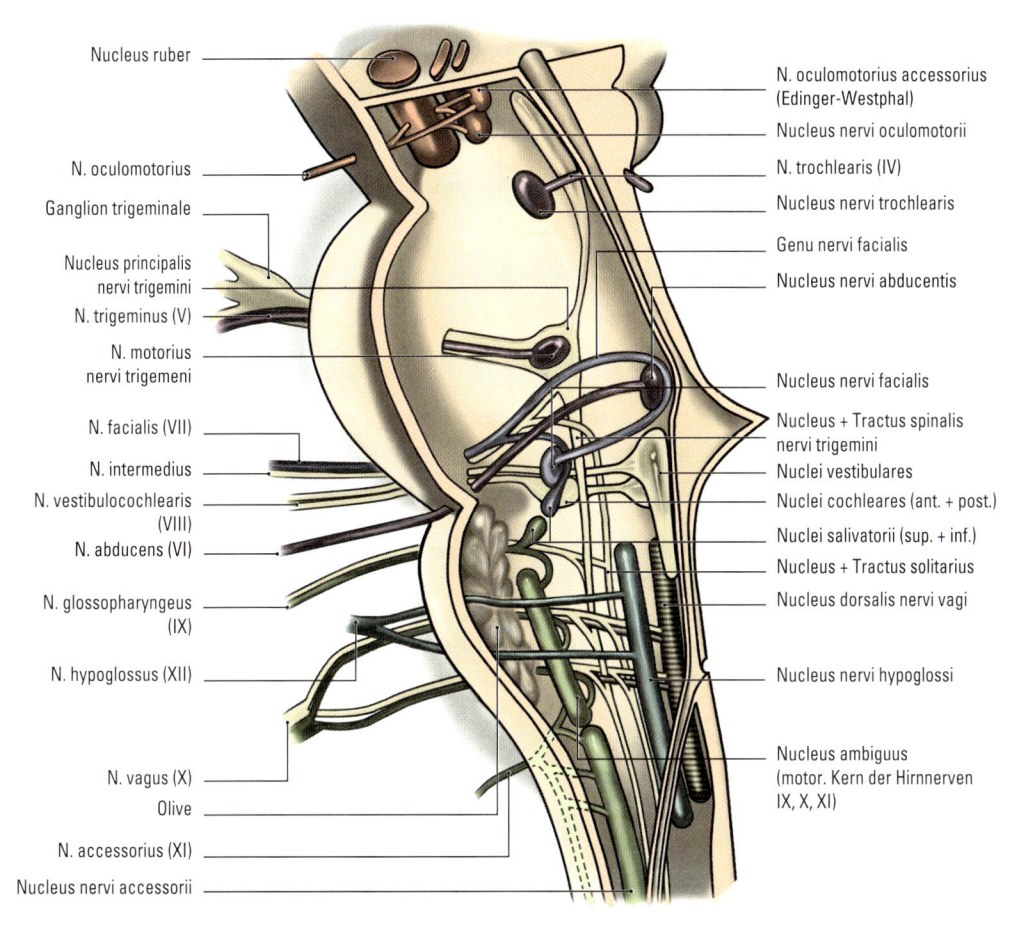

**Abb. 43: Hirnstamm und Hirnnervenkerne**

*medi-learn.de/6-ana4-43*

### 5.1.12 Nervus hypoglossus (XII. Hirnnerv)

Der N. hypoglossus ist eigentlich ein Spinalnerv. Sein motorisches Kerngebiet liegt in Form des Nucleus nervi hypoglossi in der Medulla oblongata (s. Abb. 46, S. 51). Der XII. Hirnnerv verlässt den Hirnstamm ventral der Olive im Sulcus lateralis anterior und tritt durch den Canalis hypoglossi als medialster Hirnnerv in der hinteren Schädelgrube aus der Schädelhöhle aus. Er dient der Innervation der Zungenmuskulatur.

Bei einem einseitigen Ausfall des Nervus hypoglossus weicht die Zunge beim Herausstrecken zur kranken Seite hin ab (rechts Defekt, Folge: Zunge weicht nach rechts ab).

## 5.2 Halsnerven

Die Halsnerven umfassen im zervikalen Bereich den Plexus cervicalis und einige wichtige dorsale Nerven, die sich per Merkspruch aber schnell behalten lassen.

### 5.2.1 Rami ventrales der zervikalen Spinalnerven

Aus den zervikalen Spinalnerven entstehen jeweils ein Ramus dorsalis und ein Ramus ventralis. Die Rami ventrales von C1 bis C4 bilden den **Plexus cervicalis**, der am Hinterrand des M. sternocleidomastoideus liegt. Hier durchbricht der Plexus cervicalis die oberflächliche Halsfaszie (Lamina superficialis cervicalis) am

# 5 Hirn- und Halsnerven

Erb-Punkt (Punctum nervosum) und teilt sich in seine vier rein sensiblen Äste auf, die subkutan liegen (s. Abb. 44, S. 50):
- Der **N. occipitalis minor** zieht in die seitliche Occipitalregion und innerviert die Haut hinter der Ohrmuschel.
- Der **N. auricularis magnus** innerviert ebenfalls die Haut an der Ohrmuschel und Wange sowie den Kieferwinkel.
- Der **N. transversus colli** zieht annähernd horizontal nach ventral und innerviert die Haut des vorderen Halses,
- während die **Nn. supraclaviculares** die Haut der oberen Schulter- und Brustregion versorgen, mitsamt der Fossa supraclavicularis major und der Haut im Bereich des M. sternocleidomastoideus. (Der M. sternocleidomastoideus führt bei Kontraktion zu einer Kopfneigung zur gleichen, bei gleichzeitiger Kopfdrehung zur entgegengesetzten Richtung).

> **Merke!**
>
> **O**b **Aur**ora mich **tr**otzdem **su**cht? Für die vier Äste: N. **o**ccipitalis minor, N. **aur**icularis magnus, N. **tr**ansversus colli, Nn. **su**praclaviculares.

Aus den zervikalen Rami ventrales bilden sich zudem Muskeläste, wie z. B. der N. phrenicus, der seine Fasern aus C3 bis C5 erhält und Rami musculares (innervieren den M. longus capitis und colli, den M. rectus capitis anterior und lateralis, die Mm. intertransversarii cervicales, den M. levator scapulae und die Mm. scaleni).

## 5.2.2 Rami dorsales der zervikalen Spinalnerven

Die Rami dorsales der zervikalen Spinalnerven übernehmen neben der motorischen Innervation der tiefen Nackenmuskulatur die sensible Innervation der Occipitalregion. Hierzu dienen vor allem drei Nerven (s. Abb. 45, S. 51):
- Der **Ramus dorsalis aus C1** bildet den N. suboccipitalis, der vorwiegend motorisch in der tiefen Nackengegend die Nackenmuskulatur innerviert.
- Der **Ramus dorsalis aus C2** versorgt durch den N. occipitalis major vorwiegend sensibel die Haut am medialen Hinterkopf sowie motorisch den M. semispinalis capitis und den M. longissimus capitis.
- Der **Ramus dorsalis aus C3** bildet den **N. occipitalis tertius**, der sensibel die mediale Hinterkopfhaut versorgt.

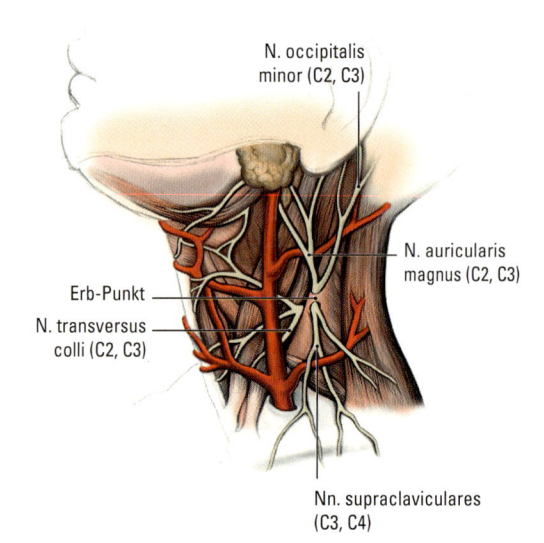

**Abb. 44: Äste des Plexus cervicalis**

*medi-learn.de/6-ana4-44*

## 5.2.2 Rami dorsales der zervikalen Spinalnerven

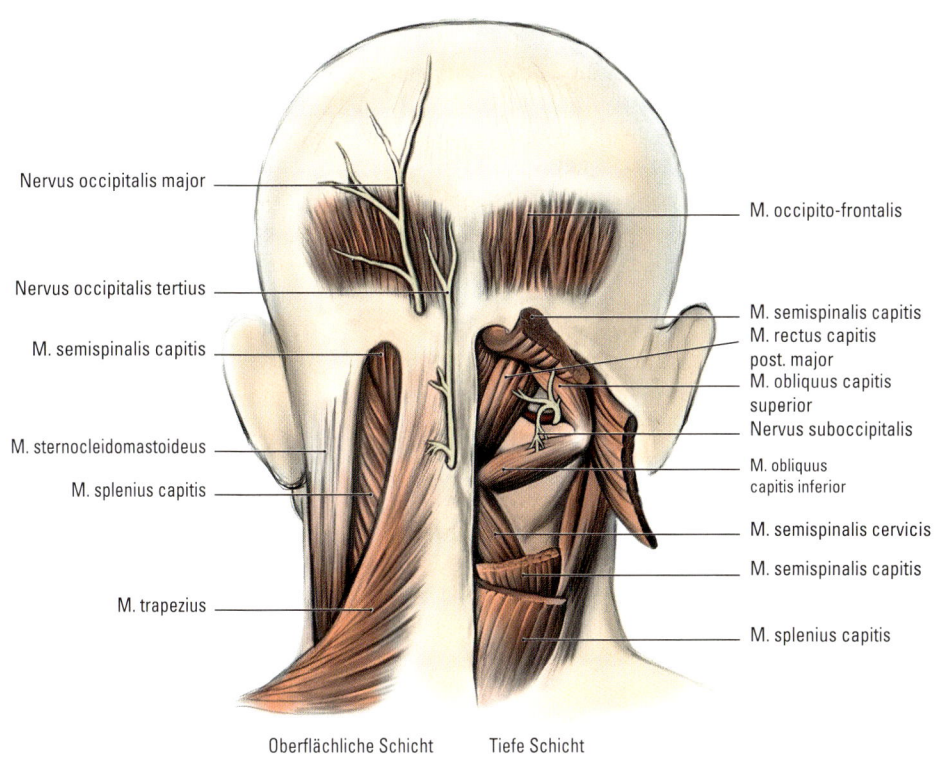

**Abb. 45: Zervikale Rami dorsales**

Nervus occipitalis major
Nervus occipitalis tertius
M. semispinalis capitis
M. sternocleidomastoideus
M. splenius capitis
M. trapezius

M. occipito-frontalis
M. semispinalis capitis
M. rectus capitis post. major
M. obliquus capitis superior
Nervus suboccipitalis
M. obliquus capitis inferior
M. semispinalis cervicis
M. semispinalis capitis
M. splenius capitis

Oberflächliche Schicht — Tiefe Schicht

*medi-learn.de/6-ana4-45*

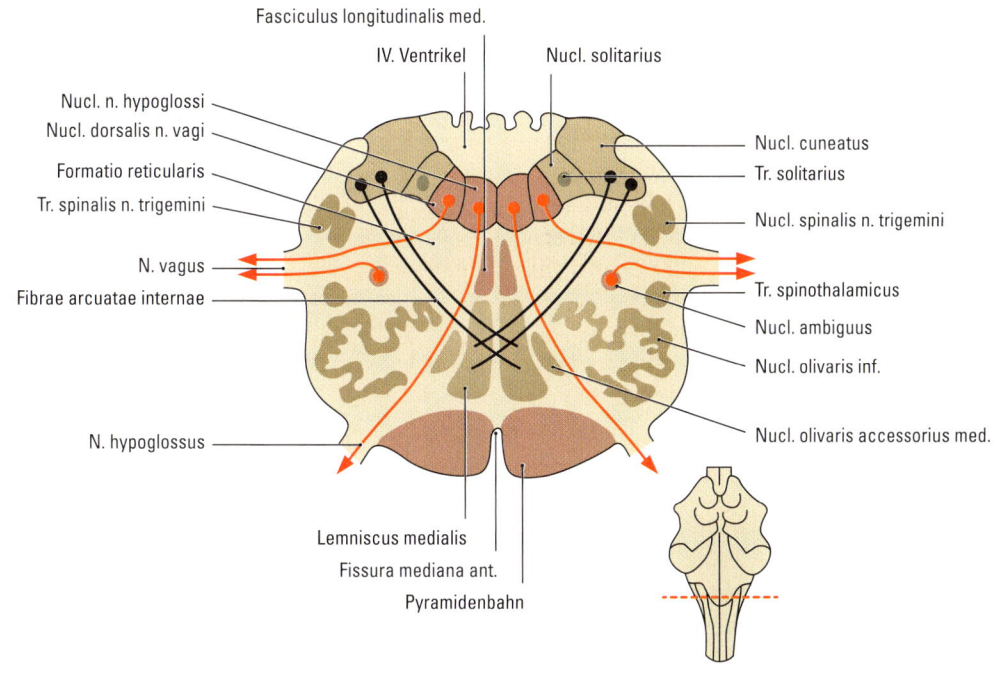

**Abb. 46: Medulla oblongata**

Fasciculus longitudinalis med.
IV. Ventrikel
Nucl. solitarius
Nucl. n. hypoglossi
Nucl. dorsalis n. vagi
Formatio reticularis
Tr. spinalis n. trigemini
N. vagus
Fibrae arcuatae internae
N. hypoglossus

Nucl. cuneatus
Tr. solitarius
Nucl. spinalis n. trigemini
Tr. spinothalamicus
Nucl. ambiguus
Nucl. olivaris inf.
Nucl. olivaris accessorius med.

Lemniscus medialis
Fissura mediana ant.
Pyramidenbahn

*medi-learn.de/6-ana4-46*

## DAS BRINGT PUNKTE

Da sämtliche aufgeführte Fakten zu den **Hirnnerven** häufig im Physikum gefragt werden, solltest du das ganze Kapitel sorgfältig lernen. Schriftlich werden besonders gerne folgende Nerven geprüft:
- V
- VII
- IX
- X
- XI
- Kerne sämtlicher Hirnnerven im Hirnstamm und deren Austrittsstellen.
- Der Ncl. ambiguus ist der motorische Kern der Hirnnerven IX, X und XI.
- Der Ncl. solitarius ist der Geschmackskern = viscerosensibel = sensorisch.

Zum Thema **Halsnerven** werden im Physikum häufig Fragen zum Plexus cervicalis gestellt. Du solltest dir daher unbedingt merken, dass:
- der Plexus cervicalis die oberflächliche Halsfaszie im Erb-Punkt durchbricht und
- welche vier Äste er hat (s. 5.2.1, S. 49).

## FÜRS MÜNDLICHE

Zum Kapitel „Hirn- und Halsnerven" werden in der mündlichen Prüfung gerne folgende Fragen gestellt:

1. Was können Sie zum Verlauf und den Kernen des N. facialis sagen?
2. Was fällt Ihnen zum N. trigeminus ein?
3. Was können Sie zur Sehbahn referieren?
4. Was wissen Sie über den Plexus cervicalis?
5. Wofür dient der Plexus?

---

**1. Was können Sie zum Verlauf und den Kernen des N. facialis sagen?**
VII. Hirnnerv, Kerngebiete im Bereich des Pons, Verlauf im Porus acusticus internus, Chorda tympani und N. petrosus major. Verlässt Schädelbasis durch Foramen stylomastoideum, Innervation der mimischen Muskulatur, Innervation der meisten Drüsen im Kopf- und Halsbereich, außer der Parotis.

**2. Was fällt Ihnen zum N. trigeminus ein?**
V. Hirnnerv, größter Hirnnerv mit den meisten Kernen (s. 5.1.5, S. 41) im Hirnstamm, Austritt lateral des Pons, sensible Versorgung des Gesichts durch seine drei Hauptäste:
- N. ophthalmicus,
- N. maxillaris,
- N. mandibularis

sowie Äste zur motorischen Versorgung der Kaumuskulatur (im N. mandibularis).

**3. Was können Sie zur Sehbahn referieren?**
Ursprung sind die primären Sinneszellen in Form von Stäbchen und Zapfen im Stratum neuroepitheliale retinae. Über das Stratum ganglionare retinae und die Nervi optici gelangen die Informationen durch den N. opticus – der erste Ort, wo man Myelinscheiden

## FÜRS MÜNDLICHE

findet – aus der Orbita durch den Canalis opticus, durch den zudem die A. ophthalmica zieht, in die mittlere Schädelgrube. Hier befindet sich im Bereich der Sella turcica das Chiasma opticum (s. 5.1.2, S. 37).

**4. Was wissen Sie über den Plexus cervicalis?**
Nervengeflecht, das am hinteren Rand des M. sternocleidomastoideus durch die Lamina superficialis fasciae cervicalis hindurchtritt.

Teilt sich in vier Äste auf:
- N. occipitalis minor,
- N. auricularis magnus,
- N. transversus colli,
- Nn. supraclaviculares.

**5. Wofür dient der Plexus?**
Er dient der sensiblen Innervation von lateralen Anteilen des Gesichts und des lateralen Hinterkopfs bis nach kaudal in den Bereich der Clavicula.

# Pause

Kleine Pause gegen aufziehende Kopfschmerzen gefällig?

Mehr Cartoons unter www.medi-learn.de/cartoons

# NUR FÜR CLUBMITGLIEDER

WWW.MEDI-LEARN.DE/CLUB/AB123

**DEINE EXAMENSERGEBNISSE PER SMS KOSTENLOS AUFS HANDY**

# SMS

**MEDI-LEARN**

# 6 Vegetative Innervation von Kopf und Hals

Fragen in den letzten 10 Examen: 9

Das Thema der vegetativen Innervation und der dazugehörigen Ganglien ist für die meisten Physikumsanwärter ein sehr unbeliebtes Kapitel. Hast du aber die Drüsen im Kopf-/Halsbereich sowie die Hirnnerven sieben und neun schon gelernt, so ist es ein Kinderspiel, sich auch die wesentlichen Aspekte dieses Themas anzueignen.

Da die vegetative Innervation von Kopf und Hals immer wieder gefragt wird, solltest du die folgenden Seiten aufmerksam lesen, sorgfältig lernen und anschließend im Schlaf können.

## 6.1 Allgemeines zu den Ganglien

Man unterscheidet parasympathische Ganglien von sympathischen und sensiblen Ganglien. Im Kopf- und Halsbereich existieren vier wichtige parasympathische Ganglien, auf die **im schriftlichen Examen sehr viel Wert gelegt** wird und die du daher **unbedingt lernen und verstehen solltest**. Hast du den Inhalt dieses Kapitels im Kopf, kannst du aber die meisten Fragen aus dem Komplex Kopf und Hals gut beantworten – daher **also hier mal wieder besonders aufgepasst...**

Die vier parasympathischen Ganglien sind:
- das Ganglion ciliare,
- das Ganglion pterygopalatinum,
- das Ganglion submandibulare und
- das Ganglion oticum.

In diesen Ganglien befinden sich:
1. präganglionäre **parasympathische** Fasern, die organnah auf das zweite postganglionäre Neuron verschaltet werden,
2. postganglionäre **sympathische** Fasern, die bereits organfern im Grenzstrang verschaltet wurden und durch das parasympathische Ganglion lediglich hindurchziehen, ohne verschaltet zu werden,
3. **sensible** Fasern, die nicht verschaltet werden und die sich auf dem Weg zum ZNS dem jeweiligen Ganglion anlagern.

Wie in Kapitel 4.5, S. 26 bereits erwähnt, werden alle wesentlichen Drüsen im Kopf- und Halsbereich durch parasympathische Fasern innerviert, die im Nervus (intermedio)facialis verlaufen. Eine Ausnahme bildet die Parotis, die vom N. glossopharyngeus versorgt wird.

### 6.1.1 Ganglion ciliare

Das Ganglion ciliare liegt in der Orbita, direkt hinter dem Bulbus oculi (retrobulbär) und lateral des Nervus opticus. Es dient der Verschaltung parasympathischer Fasern, die **für die Akkomodation und den Pupillenreflex** notwendig sind. Außerdem hat das Ganglion viele multipolare Nervenzellen.

Präganglionäre parasympathische Fasern, die im **Nucleus oculomotorius accessorius** (Edinger Westphal) des dritten Hirnnerven im Mesencephalon ihren Ursprung haben und mit dem **N. oculomotorius** in die Orbita gelangen (s. 5.1.3, S. 39), werden hier (organnah) auf das zweite postganglionäre parasympathische Neuron verschaltet. In Form der Nn. ciliares breves gelangen sie dann zum M. ciliaris und M. sphincter pupillae, wo sie für die Akkomodation und den Pupillenreflex sorgen (s. Abb. 47, S. 56).

Postganglionäre **sympathische** Fasern innervieren den M. dilatator pupillae (Sympathikusaktivierung, Folge: Augen weit auf!) und gelangen vom oberen Halsstrangganglion mit den Gefäßen in den Schädel und zum Auge. Hierbei begleiten sie auch die A. carotis interna.

# 6 Vegetative Innervation von Kopf und Hals

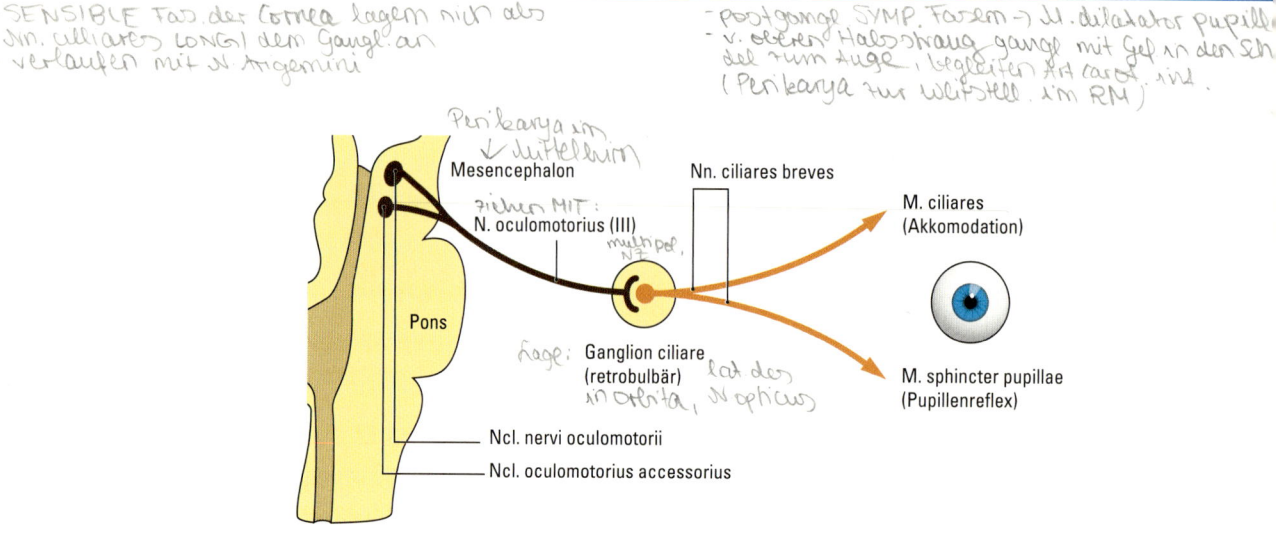

**Abb. 47:** Übersicht Ganglion ciliare

**Sensible** Fasern der Cornea lagern sich als Nn. ciliares longi dem Ganglion an und verlaufen mit dem N. trigeminus.

Die Perikaryen der präganglionären sympathischen Neurone zur Weitstellung der Pupille liegen im Rückenmark, während sich die Perikaryen der präganglionären parasympathischen Neurone für die Akkomodation im Mittelhirn befinden.

## 6.1.2 Ganglion pterygopalatinum

Das Ganglion pterygopalatinum liegt in der Fossa pterygopalatina (Flügelgaumengrube). Es wird benötigt, um einen Teil der Drüsen im Kopf- und Halsbereich parasympathisch zu versorgen.

Präganglionäre **parasympathische** Fasern, die im **Nucleus salivatorius superior** in den Pons ihren Ursprung haben und mit dem **N. (intermedio) facialis** über den N. petrosus major (über den Canalis pterygoideus) in die Flügelgaumengrube gelangen (s. 5.1.7, S. 43), werden hier (organnah) auf das zweite postganglionäre parasympathische Neuron verschaltet. Die postganglionären Fasern innervieren die Drüsen im oberen Anteil des Gesichts:

– die Glandula lacrimalis,
– die Nasen-,
– Nasennebenhöhlen- und
– Gaumendrüsen (Glandulae nasales und palatines).

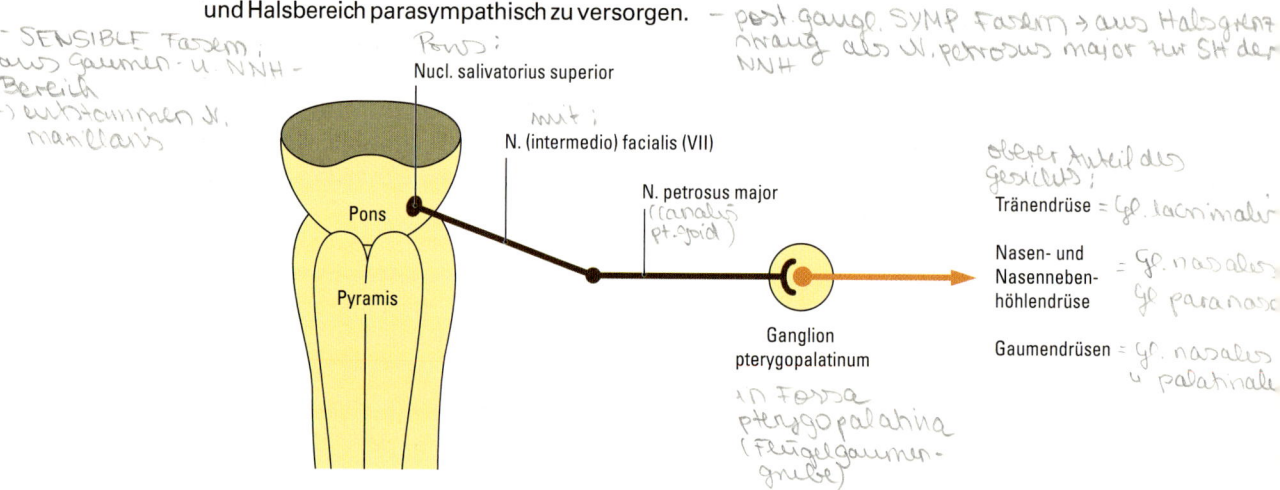

**Abb. 48:** Übersicht Ganglion pterygopalatinum

### 6.1.3 Ganglion submandibulare

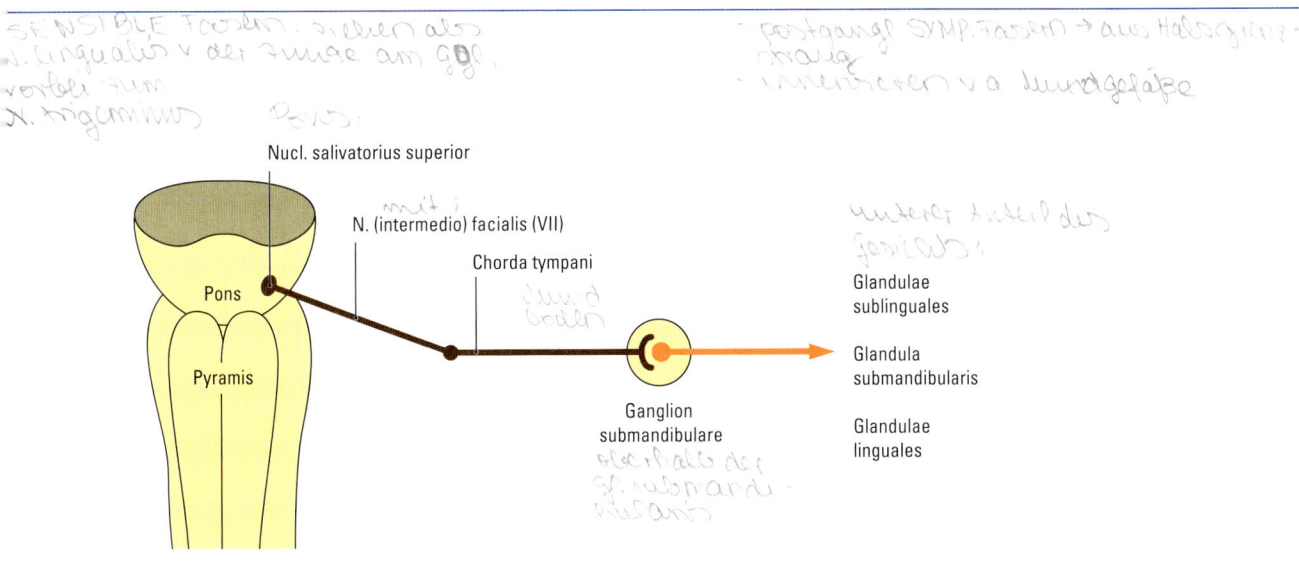

**Abb. 49:** Übersicht Ganglion submandibulare

Die Fossa pterygopalatina hat Verbindung zur Fossa cranii media (Foramen rotundum), zur Cavitas nasi (Foramen sphenopalatinum), zum Cavum oris (Canalis palatinus major) und zur Fossa infratemporalis (Fissura pterygomaxillaris).

Postganglionäre sympathische Fasern aus dem Halsgrenzstrang ziehen als N. petrosus profundus zur Schleimhaut der Nasennebenhöhlen. Sensible Fasern aus dem Gaumen- und Nasennebenhöhlenbereich entstammen dem N. maxillaris.

#### 6.1.3 Ganglion submandibulare

Das Ganglion submandibulare liegt oberhalb der Glandula submandibularis. Es innerviert die Drüsen im unteren Anteil des Gesichts. Präganglionäre parasympathische Fasern, die ebenso im **Nucleus salivatorius superior** in dem Pons ihren Ursprung haben und mit dem N. (intermedio)facialis über die Chorda tympani zum Mundboden gelangen (s. 5.1.7, S. 43), werden hier (organnah) auf das zweite postganglionäre parasympathische Neuron verschaltet. Sie versorgen die Glandula submandibularis, die Glandula sublingualis und die Glandulae linguales.

Die postganglionären sympathischen Fasern stammen aus dem Halsgrenzstrang und innervieren vor allem die Mundgefäße. Die sensiblen Fasern ziehen als N. lingualis von der Zunge am Ganglion vorbei zum N. trigeminus.

#### 6.1.4 Ganglion oticum

Das Ganglion oticum liegt in der Fossa infratemporalis. Präganglionäre parasympathische Fasern ziehen in der Medulla oblongata durch den Nucleus salivatorius inferior und gelangen mit dem N. glossopharyngeus (über den N. tympanicus zum Plexus tympanicus; von dort zieht der N. petrosus minor zum Ganglion) in die Fossa infratemporalis (s. 5.1.9, S. 46). Hier werden sie (organnah) auf das zweite postganglionäre parasympathische Neuron verschaltet. Diese postganglionären Fasern ziehen dann mit dem N. auriculotemporalis zur Parotis und innervieren diese Drüse.

Postganglionäre sympathische Fasern kommen aus dem Plexus caroticus externus zum Ganglion oticum und innervieren Blutgefäße und Drüsen im Ohrbereich.

Sensible Fasern aus der Haut, Schleimhaut und den Zähnen des Unterkiefers ziehen mit dem N. mandibularis zum Hirnstamm.

## 6  Vegetative Innervation von Kopf und Hals

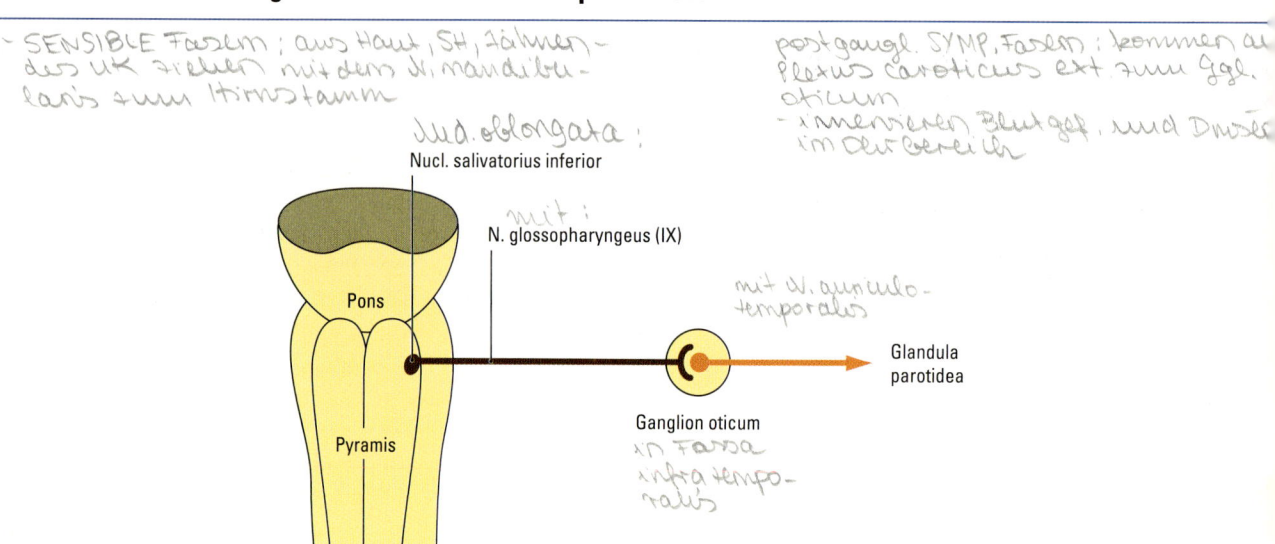

Abb. 50: Übersicht Ganglion oticum

## DAS BRINGT PUNKTE

Aus diesem Kapitel sind Fragen zu den Begriffen **parasympathische Innervation der Speicheldrüsen** häufig im Physikum anzutreffen. Du solltest dir daher unbedingt merken, dass:
- alle Drüsen im Kopf-/Halsbereich durch den N. facialis (VII) innerviert werden, außer der Parotis, die der N. glossopharyngeus (IX) innerviert.
- der parasympathische Kern des N. (intermedio)facialis (VII) der Nucleus salivatorius superior ist, während der Nucleus salivatorius inferior der Kern des N. glossopharyngeus (IX) ist.

## FÜRS MÜNDLICHE

Häufig gestellte Fragen zu dem Kapitel „Vegetative Innervation von Kopf und Hals" lauten:

**1. Welche parasympathischen Ganglien kennen Sie und was sind deren Funktionen?**

**2. Wo liegt das Ganglion ciliare und wozu dient es?**

---

**1. Welche parasympathischen Ganglien kennen Sie und was sind deren Funktionen?**
Ganglion ciliare, oticum, pterygopalatinum und submandibulare.
Funktion: Parasympathische Fasern werden organnah verschaltet und dienen dann der Innervation der Drüsen im Kopf- und Halsbereich.

**2. Wo liegt das Ganglion ciliare und wozu dient es?**
Retrobulbäre Lage, Verschaltung präganglionärer parasympathischer Fasern auf postganglionäre, um dann als Nervi ciliares breves der Akkomodation und dem Pupillenreflex zu dienen sowie Blutgefäße und Drüsen am Auge zu versorgen.

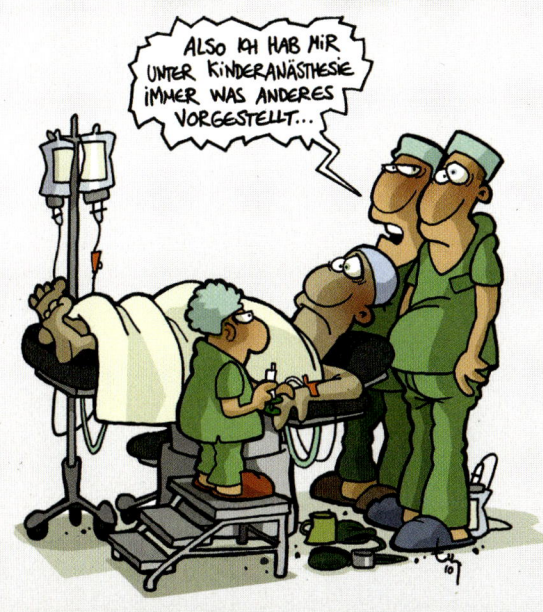

# Pause

Genug gehirnt und daher Zeit für eine kleine Pause

# 7 Blut- und Lymphgefäße

Fragen in den letzten 10 Examen: 6

Die arterielle Versorgung von Kopf und Hals stammt aus zwei Hauptgefäßen. Diese solltest du namentlich kennen sowie deren Abgänge benennen und zum Teil auch zeigen können. Denn gerade in der mündlichen Prüfung werden diese Arterien immer wieder gerne gefragt. Die Venen stimmen namentlich mit den Arterien überein und verlaufen meist in enger Nachbarschaft zu diesen.

## 7.1 Arterielle Versorgung im Kopf- und Halsbereich

Das Blut für die arterielle Versorgung des Kopf- und Halsbereichs stammt aus der linken Herzkammer. Von dort gelangt es über die Aorta ascendens und den Arcus aortae auf der rechten Seite in den Truncus brachiocephalicus. Der besitzt als Äste die A. carotis communis und die A. subclavia der rechten Seite. Auf der linken Seite erfolgt die Blutversorgung über direkte Abgänge aus dem Arcus aortae: die linke A. carotis communis und die linke A. subclavia.

Abb. 51: Abgänge für Kopf und Hals

medi-learn.de/6-ana4-51

### 7.1.1 A. subclavia

Die A. subclavia wird oft im Zusammenhang mit z. B. Skalenuslücken abgefragt. Um auf Nachfragen gut antworten zu können, etwas Basiswissen ... und im Mündlichen gerne gefragt. Die A. subclavia ist auf der linken Seite ein direkter Abgang des Arcus aortae und auf der rechten Seite ein Abgang aus dem Truncus brachiocephalicus. Sie legt sich in ihrem Verlauf kranial um die Pleurakuppel und hinterlässt hier einen Sulcus arteriae subclaviae, bevor sie mit dem Plexus brachialis durch die (hintere) Skalenuslücke zwischen dem M. scalenus anterior und medius zieht. Erst in der Axilla geht die A. subclavia in die A. axillaris über. Für den Kopf- und Halsbereich gibt die A. subclavia vier wichtige Äste ab:
– die A. thoracica interna,
– die A. vertebralis,
– den Truncus thyreocervicalis und
– den Truncus costocervicalis.

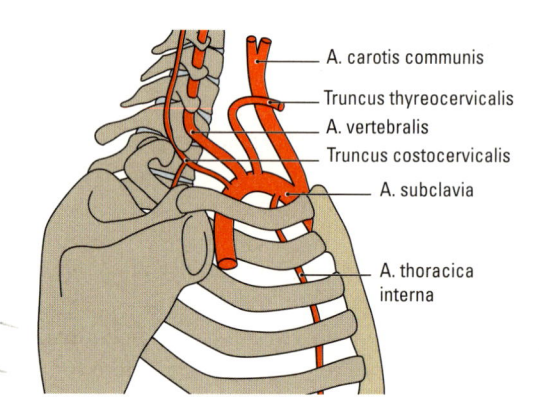

Abb. 52: Äste der A. subclavia

medi-learn.de/6-ana4-52

In den Thoraxbereich zieht als ein Abgang der A. subclavia die **A. thoracica interna**, die lateral des Sternums nach kaudal zieht und sich in Höhe der sechsten Rippe in die A. epigastrica superior und die A. musculophrenica aufteilt. Sie versorgt u. a. den Thymus, das Mediastinum, die Trachea und ihre Bronchien sowie das Sternum und die Mamma.

Ein weiterer wichtiger Abgang der A. subclavia ist die **A. vertebralis**. Sie zieht vom sechsten bis zum ersten Halswirbel durch die Foramina transversaria gemeinsam mit Nervengeflechten und Venenplexus, führt dann zwischen Atlas und Axis dorsal um die Massa lateralis des Atlas herum, bevor sie in den Subarachnoidalraum eintritt. Durch das Foramen magnum gelangt sie in die Schädelhöhle und vereinigt sich dort mit der A. vertebralis der Gegenseite zur A. basilaris.

Die weiteren wichtigen Abgänge der A. subclavia sind zwei Trunci: der **Truncus thyreocervicalis** und der **Truncus costocervicalis**. Der Truncus thyreocervicalis verzweigt sich in seine Äste:
- die A. thyroidea inferior, die dorsal der A. carotis communis und des N. vagus und medial des M. scalenus anterior verläuft und der Versorgung der unteren Anteile der Glandula thyroidea und des Larynx dient (über die A. laryngea inferior),
- die A. cervicalis ascendens,
- die A. suprascapularis und
- die A. transversa cervicis.

Der Truncus costocervicalis verfügt über zwei Hauptabgänge, die A. cervicalis profunda und die A. intercostalis suprema.

## 7.1.2 A. carotis communis

Die A. carotis communis stammt auf der linken Seite aus dem Aortenbogen, während sie auf der rechten Seite ein Ast des Truncus brachiocephalicus ist. Sie ist die Aterie mit dem größten Reichtum an elastischen Fasern.

Ohne Verzweigungen zieht sie gemeinsam mit der V. jugularis interna in der Vagina carotica durch den Halsbereich am Vorderrand des M. sternocleidomastoideus. Erst in Höhe des Cartilago thyroidea (in Höhe des vierten Halswirbels) befindet sich das Trigonum caroticum, das vom M. sternocleidomastoideus, dem Venter superior des M. omohyoideus und dem Venter posterior des M. digastricus begrenzt wird. Hier liegen der Sinus caroticus und die Arterie, die sich an dieser Stelle in die A. carotis interna und externa teilt. Zwischen der A. carotis interna und A. carotis externa bildet am wahrscheinlichsten die A. angularis eine Anastomose aus.

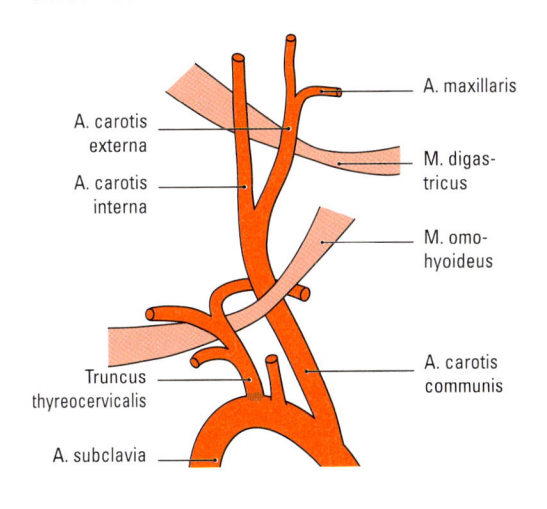

**Abb. 53: Äste der A. carotis communis**

*medi-learn.de/6-ana4-53*

- Die **A. carotis interna** (s. IMPP-Bild 2, S. 66) zweigt sich erst im Schädel in ihre Äste auf. Sie bildet bei der Aufzweigungsstelle der A. carotis communis den hinteren Ast der A. carotis communis und verläuft **ohne Astabgabe** zur Schädelbasis. Dort zieht sie durch den Canalis caroticus in die Schädelhöhle. Der Canalis caroticus durchzieht die Pars petrosa des Os temporale und liegt medial der kleinen Foramina. Hierin verlaufen die Arteria carotis interna mit dem begleitenden sympathischen Plexus caroticus internus. Im Bereich des Sinus cavernosus bildet sie das Karotissiphon (S-Schleife) und gibt schließlich in der mittleren Schädelgrube als Äste die A. ophthalmica (direkter Ast hiervon ist die A. centralis retinae), die A. cerebri media und anterior sowie die A. communicans posterior ab.
- Die **A. carotis externa** hingegen verläuft unter dem Venter posterior des M. digastricus und dem M. stylohyoideus in die Fossa ret-

## 7 Blut- und Lymphgefäße

romandibularis und gibt auf ihrem Weg folgende Äste ab:
- die A. **th**yroidea superior (versorgt die Glandula **Th**yroidea und die oberen Anteile des Larynx),
- die A. **lin**gualis (aus der die A. profunda linguae hervorgeht),
- die A. **fac**ialis,
- die A. **pha**ryngea ascendens,
- den Ramus **st**ernocleidomastoideus,
- die A. **occ**ipitalis,
- die A. **au**ricularis posterior
- und als ihre Endäste:
  - die A. **te**mporalis superficialis und
  - die A. **m**axillaris.

Die A. maxillaris beginnt in der Parotisloge und zieht durch die Fossa infratemporalis, wo sie in topografischer Beziehung zum M. pterygoideus lateralis steht. Sie versorgt als Endast der A. carotis externa Zähne, Gaumen, Dura mater und gibt als Ast die A. meningea media ab. Diese gelangt durch das Foramen spinosum in die mittlere Schädelgrube und verläuft hier epidural.

Äste der A. maxillaris sind u. a. die A. alveolaris inf., die A. meningea media, die A. buccalis und die A. palatina descendens.

Äste der A. facialis sind u. a. die A. palatina ascendens, die A. submentalis sowie die A. labialis

> **Merke!**
>
> **Theo Ling**en **f**abriziert **ph**antastisch **st**arke **Och**senschwanzsuppe **au**s **t**oten **M**äusen; für die Äste der A. carotis externa: A. **th**yroidea superior, A. **lin**gualis, A. **fac**ialis, A. **pha**ryngea ascendens, Ramus **st**ernocleidomastoideus, A. **occ**ipitalis, A. **au**ricularis posterior, A. **te**mporalis superficialis und A. **m**axillaris.

### 7.2 Venen/Sinus

Die Venen begleiten die Arterien im Kopf-/Halsbereich und sind gleichnamig zu den Arterien.

Für den venösen Blutabfluss des Gehirns bedarf es unter anderem der **Sinus durae matris**. Dies sind weitlumige venöse Blutleiter, die innerhalb der Dura mater verlaufen. Bei den Sinus handelt es sich um mit Endothel ausgekleidete Aufweitungen zwischen den Durablättern, die weder eine Muskelschicht noch Klappen aufweisen.

Das venöse Blut aus der Großhirnrinde fließt zum großen Teil zum Sinus sagittalis superior ab (unpaarig) und mündet in das Confluens sinuum. In dieses führen zudem
- der Sinus rectus, in den zuvor der Sinus sagittalis inferior und die V. cerebri magna mündeten und
- der Sinus occipitalis.

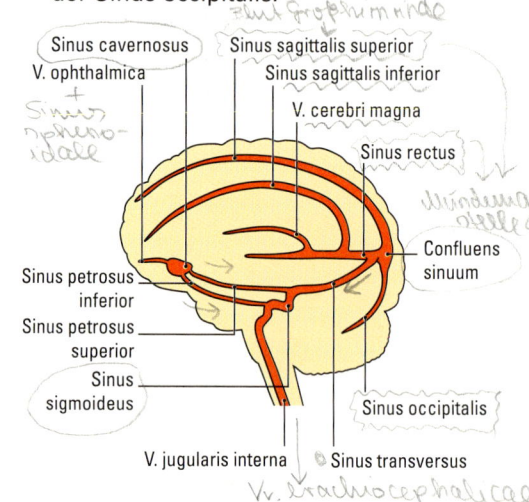

**Abb. 54: Sinus durae matris (seitlicher Querschnitt)**
*medi-learn.de/6-ana4-54*

Vom Confluens sinuum aus gelangt das Blut nach lateral über den jeweiligen Sinus transversus in den Sinus sigmoideus (topografische Beziehung zum Processus mastoideus = Mastoid; Anteil des Os temporale und zum Mittelohr), bevor es in die V. jugularis interna mündet, die das gesammelte Blut über die Vv. brachiocephalicae zum Herzen bringen.

Um das venöse Blut aus den vorderen Anteilen des Gehirns zu sammeln, findet man im Bereich der Sella turcica ein weiteres Sammelbecken: den Sinus cavernosus. In ihn münden der Sinus sphenoparietalis und die V. ophthal-

## 7.3 Lymphknoten und Lymphgefäße

mica. Der Sinus cavernosus fließt dann über den Sinus petrosus superior und inferior in den Sinus transversus und den Sinus sigmoideus ab.

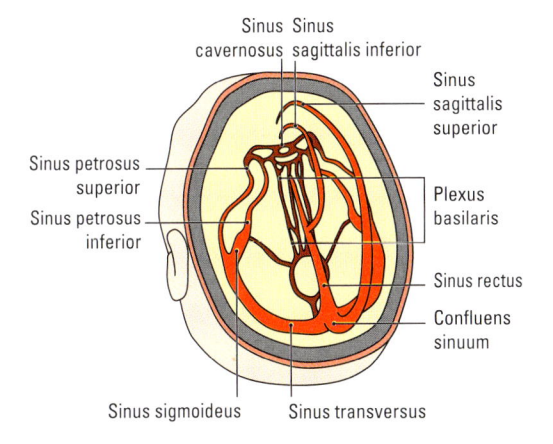

**Abb. 55:** Sinus durae matris (Aufsicht)

*medi-learn.de/6-ana4-55*

### 7.3 Lymphknoten und Lymphgefäße

Die Lymphbahnen wurden bisher im schriftlichen und mündlichen Examen relativ kurz gehalten. Daher sprechen auch wir sie nur in aller Kürze an.

Die Nodi lymphatici parotidei superficiales beziehen ihre Lymphe vor allem aus dem Gebiet der Schläfe und der Vorderfläche der Ohrmuschel, während die Lymphknoten Nodi lymphatici submentales die Lymphe der Unterlippe, des Mundhöhlenbodens und der Zungenspitze sammeln.

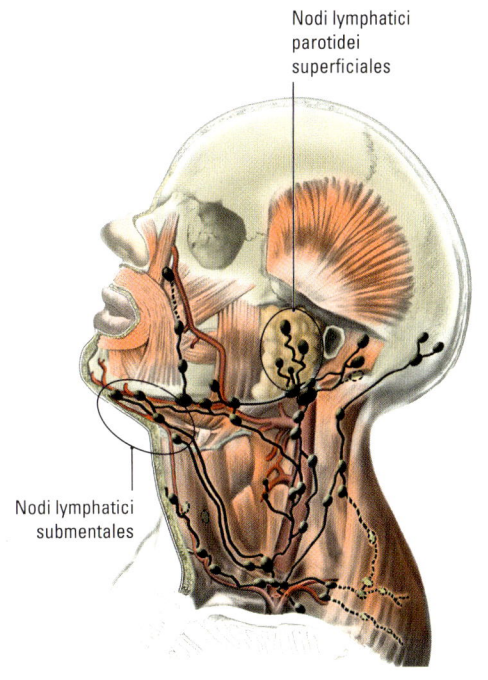

**Abb. 56:** Lymphgefäße und Lymphknoten der seitlichen Halsregion

*medi-learn.de/6-ana4-56*

Nach der Anatomie von Kopf und Hals folgt nun noch ein allgemeiner Hinweis:
Im Fach Anatomie gibt es in den schriftlichen Examina immer wieder Fragen mit Bildanhang. Es empfiehlt sich daher Fragen dieser Art aus den letzten Examina noch einmal kurz vor der Prüfung anzuschauen.
Die einzelnen gefragten Strukturen wurden in den vorangegangenen Kapiteln mit behandelt und sind im Einzelnen dort nachzulesen.

## DAS BRINGT PUNKTE

Aus diesem Kapitel werden häufig die **A. subclavia** und **A. carotis communis** plus Äste sowie die **Sinus** im Physikum geprüft. Du solltest dir daher unbedingt merken, dass

- das Blut für Kopf und Hals aus der A. subclavia und A. carotis communis sowie deren Ästen stammt und solltest diese benennen können.
- die Sinus durae matris die venösen Abflussleiter sind.

## FÜRS MÜNDLICHE

Häufig gestellte Fragen zum Thema Blut- und Lymphgefäße sind:

1. **Beschreiben Sie bitte die arterielle Versorgung von Kopf und Hals.**
2. **Was verstehen Sie unter dem Begriff Sinus?**

**1. Beschreiben Sie bitte die arterielle Versorgung von Kopf und Hals.**
Aortenbogen mit den Abgängen Truncus brachiocephalicus rechts und links den direkten Abgängen A. subclavia und A. carotis communis.
Die A. carotis communis teilt sich in die A. carotis interna und externa sowie deren Äste auf, während die A. subclavia 4 wichtige Äste besitzt:
– den Truncus thyreocervicalis,
– den Truncus costocervicalis,
– die A. vertebralis und
– die A. thoracica interna.

**2. Was verstehen Sie unter dem Begriff Sinus?**
Duraduplikaturen; hierzu zählt man z. B. den Sinus sagittalis superior und inferior, den Sinus occipitalis und den Sinus rectus. Diese münden in den Confluens sinuum, von wo das Blut lateral über Sinus transversus und Sinus sigmoideus letztlich in die V. jugularis interna fließt.
Ventrale Bereiche des Gehirns sammeln ihr venöses Blut im Sinus cavernosus, von wo es über den Sinus petrosus superior und inferior in den Sinus transversus und Sinus sigmoideus abfließt.

# Pause

Nachdem du dich tapfer durch die Anatomie von Kopf und Hals gekämpft hast, ist es jetzt Zeit für eine Pause! Danach geht es dann ans Kreuzen.

# IMPP-Bilder

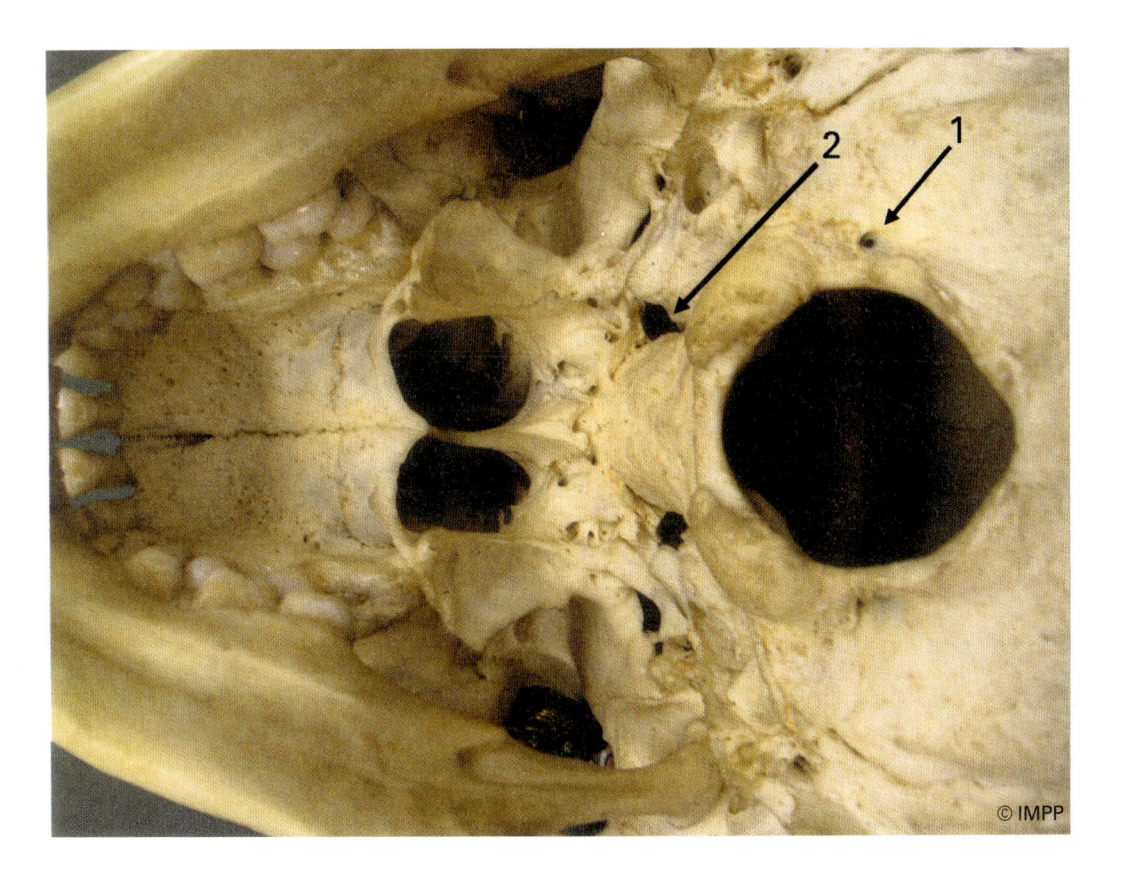

**IMPP-Bild 1: Schädelbasis**

*medi-learn.de/6-ana4-impp1*

1. Lateral des Foramen magnums liegen nur die Durchtrittsstellen der Vv. emmissariae. Knöcherne Struktur ist das Os occipitale.
2. Markiert ist das Foramen lacerum, durch das der N. petrosus major und profundus Verbindung zur mittleren Schädelgrube haben. Es liegt zwischen dem Os temporale, dem Os occipitale und dem Os sphenoidale.

Tipp:
Hier werden die Foramina an der Schädelbasis von kaudal geprüft. Präge dir daher unbedingt sämtliche Foramina mit den hindurchtretenden Strukturen ein (s. Abb. 4 b, S. 5).

**Anhang**

# Anhang

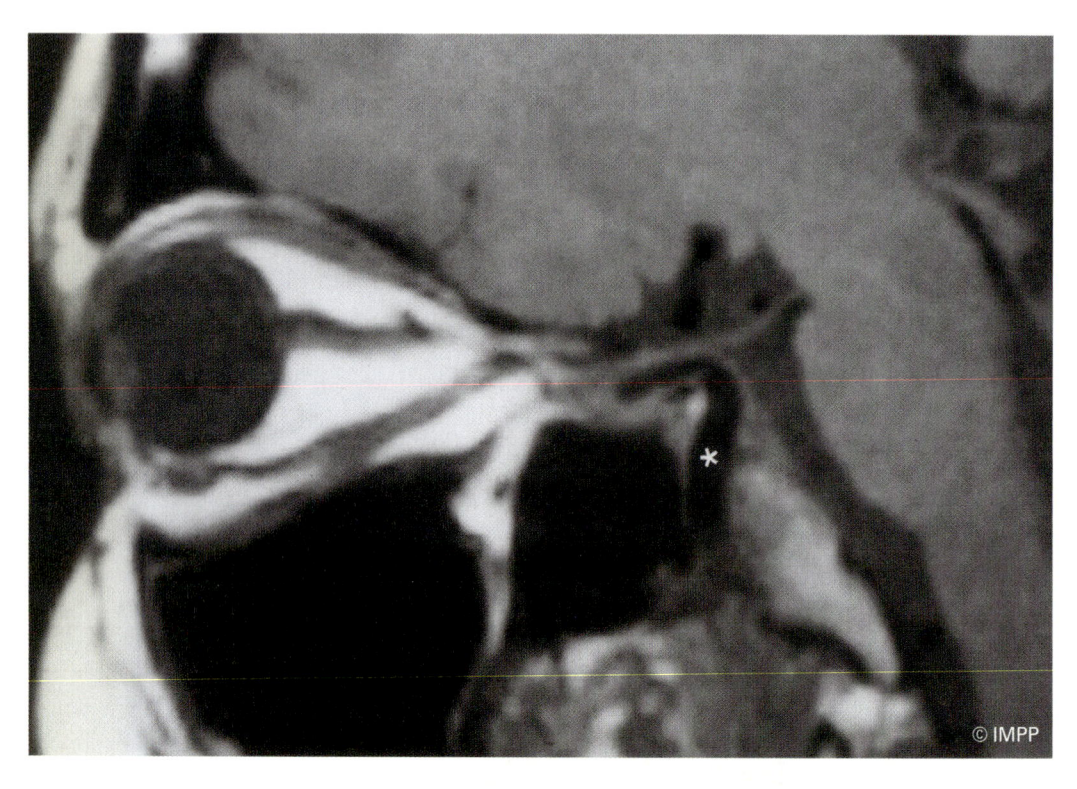

**IMPP-Bild 2: Sagittalschnitt des Schädels**

*medi-learn.de/6-ana4-impp2*

Angeschnitten sind die Orbita mit Bulbus oculi und Nervus opticus, die Nasenhöhle und Nasennebenhöhlen (hier gut zu sehen der Sinus sphenoidalis) und ein Teil des Großhirns. Markiert ist die A. carotis interna, die für die Versorgung u. a. der Augen und Nasenhöhle Arterien abgibt.

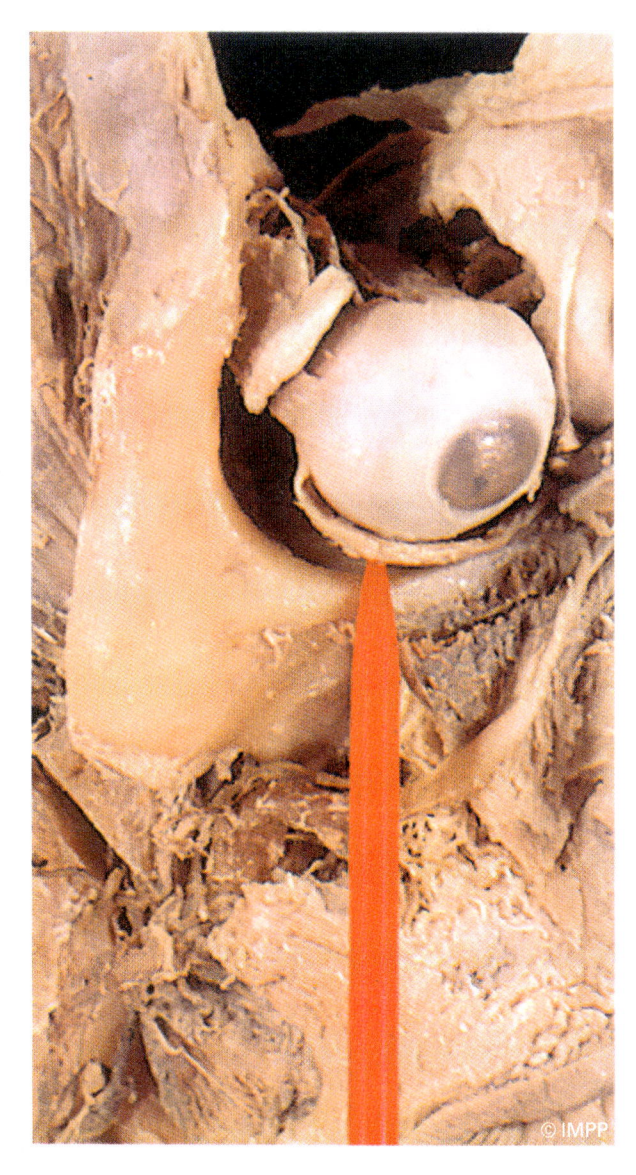

# IMPP-Bilder

Markiert ist der M. obliquus inferior, der durch den Nervus oculomotorius innerviert wird.

**Anhang**

**IMPP-Bild 3: Präparierte Orbita mit Bulbus oculi und Augenmuskeln an einer Leiche**
*medi-learn.de/6-ana4-impp3*

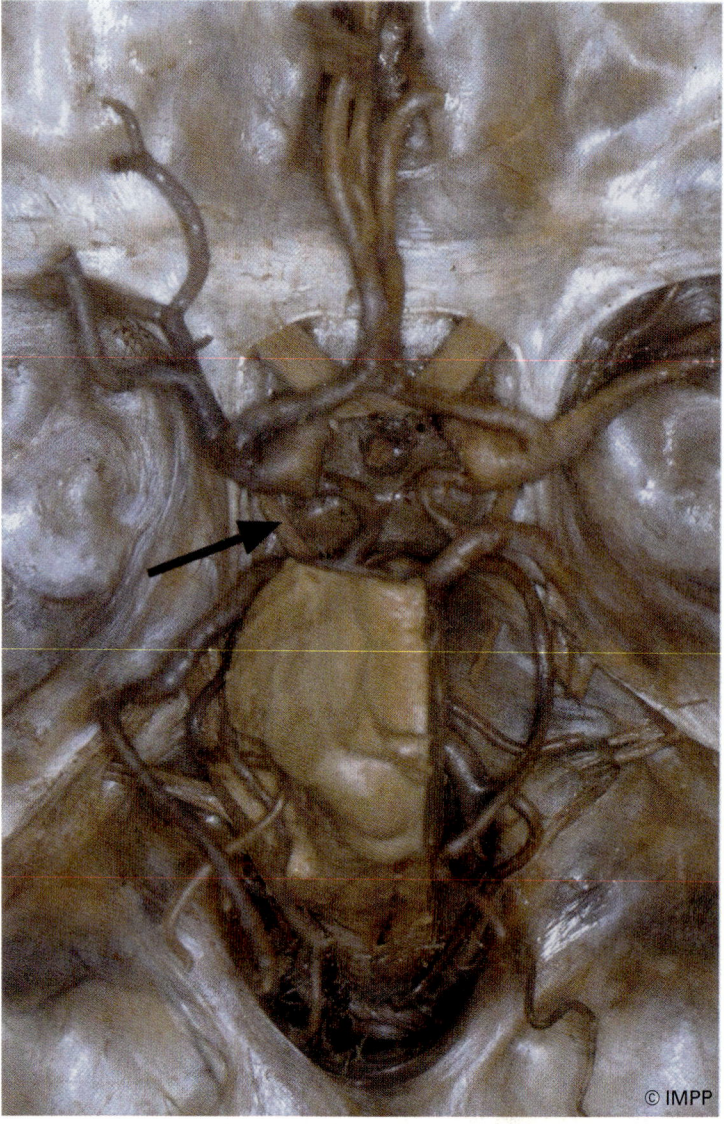

## Anhang

**IMPP-Bild 4: Schädelbasis, Ansicht von kranial**
*medi-learn.de/6-ana4-impp4*

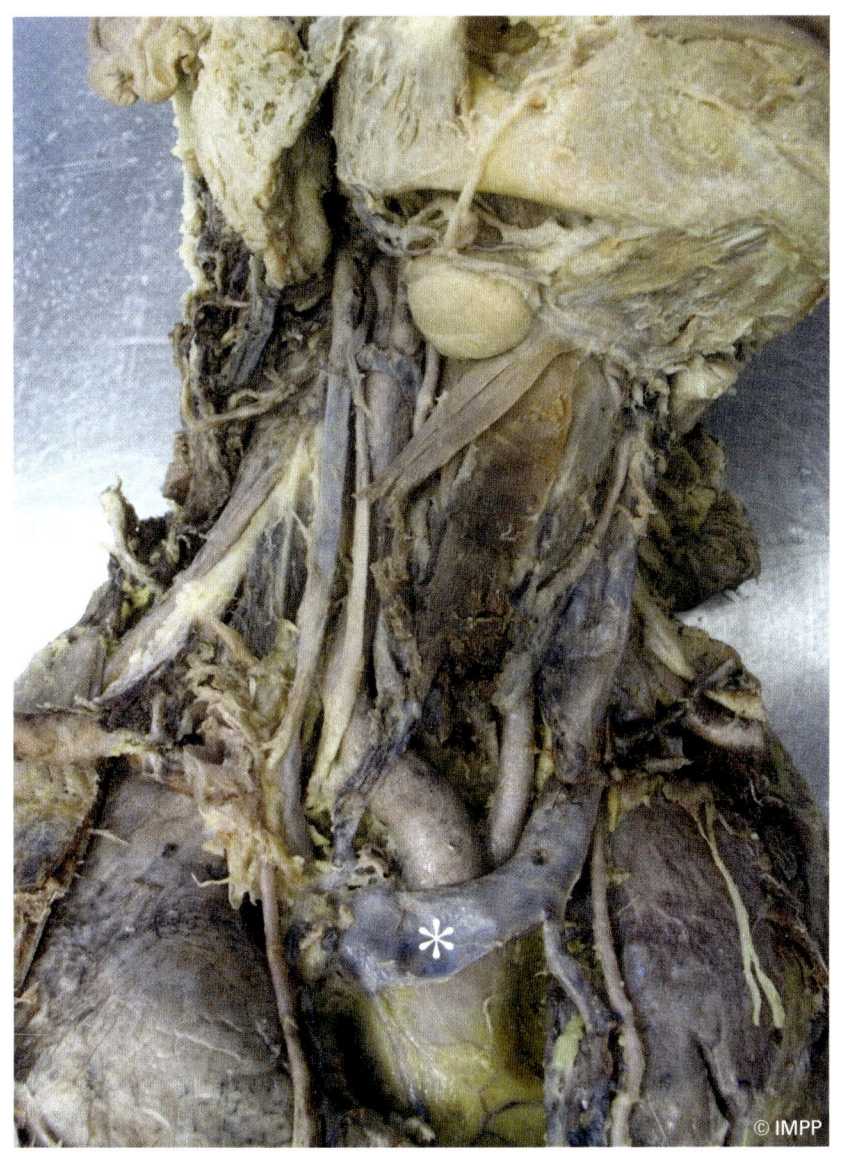

# IMPP-Bilder

**IMPP-Bild 5: Seitliche Halsregion**
*medi-learn.de/6-ana4-impp5*

Die mit dem Stern markierte Struktur der Abbildung entsteht aus dem Zusammenfluss der linken V. jugularis interna und der linken V. subclavia.

**Anhang**

# Index

## A
A. auricularis posterior 62
A. basilaris 61
A. carotis 6, 15, 21, 27, 29, 33, 38, 46
– externa 27, 33
– interna 6, 15, 21, 29, 38, 46
A. carotis communis 60, 61
A. centralis retinae 61
A. cerebri 61
– anterior 61
– media 61
A. cervicalis ascendens 61
A. cervicalis profunda 61
Aa. ciliares posteriores breves 4
A. communicans posterior 61
Aditus laryngis 30, 47
A. epigastrica 60
– superior 60
A. ethmoidalis anterior 6, 37
A. facialis 27, 62
A. intercostalis suprema 61
Akkomodation 40, 55
A. labyrinthi 5, 6, 43, 46
Ala minor 3
A. laryngea 30, 33
– inferior 33
– superior 30, 33
A. lingualis 62
A. maxillaris 27, 62
A. meningea accessoria 6
A. meningea media 6
A. musculophrenica 60
A. nasalis anterior 3, 6, 37
A. nasalis posterior 3
Anosmie 37
Anulus tendineus communis 38, 39, 43
A. occipitalis 62
A. ophthalmica 3, 4, 6, 38, 61
Aorta ascendens 60
Aperturae piriformis 19
Aperturae sinus frontales 22
A. pharyngea ascendens 62
Arcus aortae 60
Arcus zygomaticus 11

Area praetectalis 39
Arterielle Versorgung von Kopf und Hals 60
Articulatio temporomandibularis 12
A. spinalis 4, 6
A. subclavia 13, 15, 60
A. suprascapularis 61
A. temporalis superficialis 27, 62
A. thoracica interna 60
A. thyroidea 33, 61
– inferior 33, 61
– superior 33, 61
A. transversa cervicis 61
Außenmuskulatur der Zunge 12
A. vertebralis 4, 6, 60

## B
Branchialbogen 47
Bulbus oculi 55
Bulbus olfactorius 37

## C
Canalis caroticus 6, 61
Canalis facialis ossis petrosi 43
Canalis hypoglossi 4, 6, 49
Canalis infraorbitalis 22
Canalis opticus 3, 6, 38
Canalis pterygoideus 6
Cannon-Boehm-Punkt 48
Cartilago 30
– arytaenoidea 30
– corniculata 30
– cricoidea 30
– thyroidea 30
Caruncula sublingualis 27
Cavitas infraglottica 30
Cavitas laryngis 30
Cavitas nasi 19
Cavitas oris propria 26
Cavum nasi 19
Cellulae etmoidales 20, 22, 41
– anteriores 20, 22
– posteriores 20, 22, 41
Chiasma opticum 38
Choanen 19, 28
Chorda tympani 15, 25, 43, 44, 57
Cisterna ambiens 40
Cisterna interpeduncularis 39

Clavicula 14
Concha nasalis 19, 37
– inferior 20
– media 19
– superior 19, 37
Confluens sinuum 62
Conus elasticus 30
Cornealreflex 41
Corpus geniculatum laterale 38
Corpus linguae 23
Corpus ossis sphenoidalis 38

## D
Dentin 22
Diaphragma oris 27
Diencephalon 37
Discus articularis 12
Doppelbildwahrnehmung 43
Drüse 27
– seromukös 27
– serös 27
Ductuli sublinguales minores 27
Ductus nasolacrimalis 20
Ductus parotideus 27, 45
Ductus sublingualis 27
Ductus submandibularis 27
Dura mater 37, 38
Durchtrittsstellen Schädelbasis 3

## E
Ebner Spüldrüsen 24
Edinger Westphal Kern 39
Ektoderm 22
Epiglottis 30
Epipharynx 29
Erb-Punkt 50

## F
Fascia cervicalis 14
Fascia nuchae 14
Fascia pharyngobasilaris 28
Fazialisknie 43
– inneres 43
Fazialisparese 44
– zentrale 44
Fazialisparese (Fazialislähmung) 44
– periphere 44
– zentrale 44
Filae olfactoriae 3, 6, 37
Fissura orbitalis 3, 39, 41, 43
– superior 3, 6, 39, 41, 43
Fissura sphenopetrosa 4, 6
Flügelgaumengrube 56
Fonticulus 2
– anterior 2
– posterior 2
Foramen 3, 6, 41, 42, 44, 46, 48, 61
– jugulare 4, 6, 46, 48
– lacerum 3, 6
– magnum 4, 6, 48, 61
– ovale 3, 6, 42
– rotundum 3, 6, 41
– spinosum 3, 6
– stylomastoideum 43, 44
Foramina ethmoidales 3
– anterius 3
– posterius 3
Fornix pharyngis 30
Fossa cranii 3
– anterior 3
– media 3
– posterior 3
Fossa infratemporalis 11, 42, 43, 57
Fossa interpeduncularis mesencephali 39
Fossa pterygopalatina 41, 56, 57
Fossa retromandibularis 27
Fossa supraclavicularis major 50
Fossa temporalis 11
Frenulum linguae 27

## G
Ganglien 55
– parasympathische 55
– sensible 55
– sympathische 55
Ganglienzellen 37, 38
– bipolare 37
– multipolare 38
Ganglion 15, 40, 44, 46, 55, 56, 57
– ciliare 40, 55
– oticum 15, 46, 55, 57
– pterygopalatinum 21, 44, 55, 56
– submandibulare 44, 55, 57
Ganglion geniculi 25, 44

## Index

Ganglion trigeminale 41
Gaumendrüsen 56
Glandulae 21, 44
- linguales 44
- nasales 21
- palatines 26
Glandula lacrimalis 27, 44, 56
Glandula lingualis 26, 57
- anterior 26
Glandula parathyroidea 15
Glandula parotidea 27, 46
Glandula sublingualis 26, 27, 44, 57
Glandula submandibularis 14, 26, 27, 44, 57
Glandula thyroidea 15, 61
Glomus caroticum 46

### H
Halsdreieck 48
- laterales 48
Halsfaszie 14, 49
Halsganglien 15
Halsmuskulatur 14
Hiatus maxillaris 22
Hiatus oesophageus 48
Hiatus semilunaris 20, 22
Hirnnerv 6, 15, 37
- achter (N. vestibulocochlearis) 46
- dritter (N. oculomotorius) 39
- elfter (N. accessorius) 48
- erster (N. olfactorius) 37
- fünfter (N. trigeminus) 41
- neunter (N. glossopharyngeus) 46
- sechster (N. abducens) 43
- siebter (N. intermediofacialis) 43
- vierter (N. trochlearis) 40
- zehnter (N. vagus) 46
- zweiter (N. opticus) 37
- zwölfter (N. hypoglossus) 49
Hyperakusis 44
Hypopharynx 29, 30
Hyposmie 37

### I
Infundibulum ethmoidale 22
Innervation der Nase 20
Isthmus 29

### K
Karotissiphon 61
Keilbeinhöhle 22
Kieferhöhle 22
Kiemenbogen 47
Kleinhirnbrückenwinkel 43
Knorpel (= Cartilago) 30
Konstriktoren 30
Kopf- und Halseingeweide 19

### L
Labyrinthus ethmoidalis 21, 22
Lamina cribrosa des Os ethmoidale 3, 6, 37
Lamina praetrachealis fasciae cervicalis 14
Lamina praevertebralis fasciae cervicalis 15
Lamina superficialis cervicalis 49
Lamina tecti 40
Larynx 15, 19, 28, 30, 61
- Pars laryngea 30
- Plica laryngea 30
Larynxmuskeln 31
laterale Nasenwand 19
Levatoren des Pharynx 30
Limen nasi 19

### M
Mandibula 13
Manubrium sterni 14
M. aryepiglotticus 31
M. arytaenoideus 31
- obliquus 31
- transversus 31
M. auricularis 11
- anterior 11
- posterior 11
- superior 11
Maxilla 20
M. buccinator 11, 27
M. ciliaris 40, 55
M. constrictor pharyngis 45
- superior 45
M. cricoarytaenoideus 31
- lateralis 32
- posterior 31
M. cricothyroideus 31, 47
M. digastricus 13, 27, 42
- Venter anterior 27, 42

Meatus acusticus internus 5, 43
Meatus nasi 20, 22
– inferior 20
– medius 20, 22
– superior 20, 22
Mechanorezeptoren 24
Medulla oblongata 4, 6
Meningen 21
Mesenchym 22
Mesopharynx 29
M. genioglossus 12
M. geniohyoideus 13
M. hypoglossus 12
mimische Muskeln 10, 27, 45
M. levator palpebrae 39
M. levator scapulae 50
M. levator veli palatini 46
M. longus 15, 50
– capitis 15, 50
– colli 15, 50
Mm. arytaenoidei transversi et obliqui 31
M. masseter 11, 27, 42
Mm. cricoarytaenoidei laterales 31
Mm. intertransversarii cervicales 50
Mm. scaleni 13, 15, 50
M. mylohyoideus 13, 27, 42
M. nasalis 11
M. obliquus 39, 41
– inferior 39
– superior 39, 41
Molar 23
M. omohyoideus 13, 15
M. orbicularis 11, 45
– oculi 11, 45
– oris 11, 45
motorische Innervation der Zungenbinnenmuskulatur 25
M. palatoglossus 12
M. pterygoideus
– lateralis 11
– medialis 11
M. rectus 39, 43
– inferior 39
– lateralis 39, 43
– medialis 39
– superior 39
M. rectus capitis 50

– anterior 50
– lateralis 50
M. scalenus 13, 60, 61
– anterior 13, 60, 61
– medius 13, 60
– posterior 13
M. sphincter pupillae 40, 55
M. sternocleidomastoideus 27, 48, 49, 50
M. sternohyoideus 13, 15
M. sternothyroideus 13, 15
M. styloglossus 12
M. stylohyoideus 13
M. temporalis 11, 42
M. tensor tympani 29, 42
M. tensor veli palatini 29, 42
M. thyroarytaenoideus 31, 32
M. thyrohyoideus 13, 15
M. trapezius 48
M. vocalis 31, 32
Myelinscheiden 38

**N**
N. abducens 3, 39
N. accessorius 4, 15, 48
– Radix spinalis 48
N. alveolaris 15, 41
– inferior 15
– superior 41
Nasendrüsen 56
Nasengänge 20
– mittlerer (medius) 20
– oberer (superior) 20
– unterer (inferior) 20
Nasenhöhle 19, 56
Nasennebenhöhlendrüsen 56
Nasennebenhöhlen (= NNH) 19, 20, 21, 56
– Cellulae ethmoidales 21
– Labyrinthus ethmoidalis 21
– Sinus frontalis 21
– Sinus maxillaris 21
– Sinus sphenoidalis 21
N. auricularis magnus 50
N. auriculotemporalis 15
N. cervicales 1 4, 6
Nervus olfactorius 37
N. ethmoidalis anterior 3, 6, 20, 37
Neurokranium 1

N. facialis 5, 6, 11, 27, 43, 44, 45
N. frontalis 41
N. glossopharyngeus 4, 15, 24, 27, 30, 46, 55
N. hypoglossus 6, 15, 25, 49
N. infraorbitalis 41
N. intermediofacialis 25, 27, 43, 55, 56, 57
N. intermedius 43
N. lacrimalis 41
N. laryngeus 30, 32, 47
– inferior 32, 47
– superior 30, 32, 47
N. lingualis 11, 15, 25, 43
N. mandibularis 3, 6, 11, 25, 42
N. maxillaris 3, 6, 20, 41
N. nasociliaris 40, 41
N. nasopalatinus 30
Nn. ciliares breeis 55
Nn. ciliares breves 40, 56
Nn. nasales 41
Nn. olfactorii 21
Nn. palatini 41
Nn. supraclaviculares 50
N. occipitalis 50
– major 50
– minor 50
– tertius 50
N. oculomotorius 3, 39, 55
Nodi lymphatici parotidei superficiales 63
Nodi lymphatici submentales 63
N. ophthalmicus 3, 20, 39, 41
N. opticus 38, 52
N. petrosus 3, 6, 44, 56
– major 3, 6, 21, 44, 56
– minor 4, 6, 57
– profundus 3, 6, 21
N. phrenicus 13, 15, 48, 50
N. suboccipitalis 50
N. transversus colli 50
N. trigeminus 11, 25, 41
N. trochlearis 3, 39, 40
N. tympanicus 57
Nuclei cochleares 46
Nuclei praetectales 39
Nuclei vestibulares 46
Nucleus ambiguus 31, 46
Nucleus dorsalis nervi vagi 46
Nucleus nervi abducentis 43

Nucleus nervi facialis 43
Nucleus nervi hypoglossi 49
Nucleus nervi trochlearis 40
Nucleus oculomotorius accessorius (= Edinger Westphal) 55
Nucleus salivatorius 43, 46, 56
– inferior 46
– superior 43, 56, 57
Nucleus solitarius 25, 43, 46
Nucleus spinalis nervi trigemini 46
Nukleus 39
– nervi oculomotorii 39
– oculomotorius accessorius 39
N. vagus 4, 15, 30, 32, 46, 61
N. vestibulocochlearis 5, 6, 46
N. zygomaticus 41

## O
Odontoblasten 22
Öffner im Kiefergelenk 12
Oligodendrozyten 38
Orbita 1, 21
Os ethmoidale 19
Os frontale 19
Os hyoideum 13, 14
Os lacrimale 19
Os nasale 19
Ösophagus 15, 28
Os palatinum 20
Ostium pharyngeum tubae auditivae 29

## P
Papillae 24
– filiformes 24
– foliatae 24
– fungiformes 24
– vallatae 24
parasympathische Innervation 44
parasympathische Innervation im Kopf/Hals 19
Parotis 15, 27, 46, 57
Parotisloge 27
Pars intercartilaginea 19, 31
Pars laryngea pharyngis 29, 30
Pars nasalis pharyngis 29
Pars oralis pharyngis 29
Pars ossea 19

Pharynx 15, 28, 30
Plexus brachialis 13, 15
Plexus cervicalis 49
Plexus tympanicus 57
Plicae vocales 31
Plica laryngea 30
Plica sublingualis 27
Plica vestibularis 30
Plica vocalis 30
Porus acusticus internus 5, 6, 43, 46
Pressorezeptoren 46
Processus coronoideus mandibulae 11
Processus transversi 13
Punctum nervosum 50
Pupillenreflex 40, 55

**R**
Radiatio optica 38
Radix cranialis 48
Radix linguae 23
Radix spinalis nervi accessorii 4, 6, 48
Rami tentorii 41
Rami ventrales 49
Ramus communicans 27
Ramus dorsalis 49
Ramus sternocleidomastoideus 62
Raphe buccopharyngea 45
Raphe pterygomandibularis 45
R. auricularis n. vagi 48
Recessus 20, 22, 30
– piriformis 30
– sphenoethmoidalis 20, 22
Recessus pharyngeus 30
Recurrens 32, 47
Regio buccalis 27
Regio olfactoria 37
Regio sublingualis 27
Resonanzraum 21
Retrusion 12
Rima glottis 31
– Pars intercartilaginea 31
– Pars intermembranacea 31
R. meningeus nervi V3 6

**S**
Schädelbasis 3

Schädelgrube 3, 6, 37
– hintere 4, 6
– mittlere 3, 6
– vordere 3, 6, 37
Schädelhöhle 21
Schilddrüse (Glandula thyroidea) 33
Schließer im Kiefergelenk 12
Sehbahn 38, 52
Sella turcica 38
sensorisch 21
Septum interfrontale 22
Septum nasi 19
sero-muköse Drüse 27
Siebbeinzellen 20, 22
– hintere 20
Sinus 20, 22
– frontalis 20, 22
– maxillaris 20, 22
– sphenoidalis 22
Sinus caroticus 46
Sinus cavernosus 40, 62
Sinus durae matris 62
Sinus occipitalis 62
Sinus paranasales 21
Sinus petrosus 62
– inferior 62
– superior 62
Sinus rectus 62
Sinus sigmoideus 62
Sinus sphenoparietalis 62
Sinus transversus 62
Skalenuslücke 60
– hintere 60
Spatium 15
– lateropharyngeum 15
– parapharyngeum 15
– retropharyngeum 15
Speichel 26
Speicheldrüsen 19, 26
Spinalnerven 50
– Rami dorsales 50
Stimmritze 31
Stirnbeinhöhle 22
Stratum ganglionare nervi optici 38
Stratum ganglionare retinae 38
Sulcus arteriae subclaviae 60
Sulcus lateralis 46, 48

## Index

- anterior 49
- posterior 46, 48

Sulcus terminalis 23

Sultura
- coronalis 2
- frontalis 2
- lambdoidea 2
- sagittalis 2

**T**

Telencephalon 37
Thalamus 38
Tonsilla 26, 29
- lingualis 26
- palatina 29
- pharyngea 29

Torus 29
- levatorius 29
- tubarius 29

Trachea 15, 30
Tractus opticus 38, 39
Tränennasengang 20
Trigeminusdruckpunkt 42
Trigeminusneuralgie 42
Trigonum colli laterale 48
Trigonum submandibulare 27
Truncus brachiocephalicus 60
Truncus costocervicalis 60, 61
Truncus sympathicus 15
Truncus thyreocervicalis 33, 60
Truncus vagalis 48
- anterior 48
- posterior 48

Tuba auditiva 29
Tuberositas masseterica 11

**V**

Vagina carotica 61
Vallecula epiglottica 30
Ventriculus laryngis 30
Vestibulum nasi 19
Vestibulum oris 27
V. ethmoidalis anterior 3, 6, 37
Viscerokranium 1
V. jugularis 4, 6, 15
- interna 4, 6, 15, 46
V. labyrinthi 5, 6, 43, 46
V. meningea media 6
V. ophthalmica 3, 6, 40, 62
- superior 3, 40
V. subclavia 13

**Z**

Zahn 22, 23
- Alveolarknochen 23
- Gingiva (= Zahnfleisch) 23
- Halteapparat 23
- Periodontium 23
- Substantia ossea 23

Zahnentwicklung 22
Zungenbeinmuskulatur 13, 43
- infrahyale 13, 15
- suprahyale 13, 43

Zungendrüsen (Glandulae linguales) 57
Zungeninnervation 25
- motorische 25
- sensible 25
- sensorische 25

Zungenpapillen 23
zweites Milchmolar 23

# Feedback

**Deine Meinung ist gefragt!**

Es ist erstaunlich, was das menschliche Gehirn an Informationen erfassen kann. Slbest wnen kilene Fleher in eenim Txet entlheatn snid, so knnsat du die eigneltchie lofnrmotian deoncnh vershteen – so wie in dsieem Text heir.

Wir heabn die Srkitpe mecrfhah sehr sogrtfältg güpreft, aber vilcheliet hat auch uesnr Girehn – so wie deenis grdaee – unbeswust Fheler übresehne. Um in der Zuuknft noch bsseer zu wrdeen, bttein wir dich dhear um deine Mtiilhfe.

Sag uns, was dir aufgefallen ist, ob wir Stolpersteine übersehen haben oder ggf. Formulierungen verbessern sollten. Darüber hinaus freuen wir uns natürlich auch über positive Rückmeldungen aus der Leserschaft.

Deine Mithilfe ist für uns sehr wertvoll und wir möchten dein Engagement belohnen: Unter allen Rückmeldungen verlosen wir einmal im Semester Fachbücher im Wert von 250 Euro. Die Gewinner werden auf der Webseite von MEDI-LEARN unter www.medi-learn.de bekannt gegeben.

Schick deine Rückmeldung einfach per E-Mail an support@medi-learn.de oder trag sie im Internet in ein spezielles Formular für Rückmeldungen ein, das du unter der folgenden Adresse findest:

www.medi-learn.de/rueckmeldungen

# iPHYSIKUM

**MOBIL EXAMENSFRAGEN KREUZEN**

## FÜR iPHONE UND ANDROID

WWW.MEDI-LEARN.DE/SKR-IPHYSIKUM

**MEDI-LEARN**